왜 이대남은 동네북이 되었나

이리 치이고 저리 치이는 대한민국 이대남 보고서

왜 **이대남**은 **동네북**이 되었나

이선옥 지음

독자들의 추천사

잘못된 분노들의 바른 길잡이 _na***p / 여 / 20대

진영이든 성이든 어느 쪽에 편향되지 않으면서, 쉽게 이해할 수 있는
말과 글로 놀랍도록 설득력 있게 청자와 독자를 매료하는 작가
_강*/ 남 / 40대

혐오를 조장하고 욕망을 억압하는 분석과 해법이 난무하는 가운데
지금의 시대를 가장 정확하고 진솔하게 진단하는 작가
_이*솜 / 여 / 30대

이선옥 작가는 특정한 사상이나 이념의 편에 서지 않는다.
대신 다양한 가치, 헌법, 보편적 권리 등을 펼쳐놓고 동료 시민에게
차분히 설득한다 _Bl** E*d / 남 / 20대

이 책을 읽고 나면 2030세대는 답답한 가슴이 뻥 뚫리는
기분이 들 것이다. 반면 스스로 진보적이라 생각해온 4050세대는
엄청난 충격을 경험하게 될 것이다 _Ju**ho / 남 / 50대

페미니즘 광풍이 몰고 온 반지성 시대에 단단한 개인으로
살아갈 수 있게 해주는 한줄기 빛과 같은 길라잡이 _큰*못 / 남 / 30대

모두가 헛다리를 짚는 와중에 이선옥 작가는 똑바로 가리킨다
_상*리 / 남 / 20대

젠더 이슈와 PC주의라는 안개에 빠진 한국 사회에서 이선옥 작가의
말과 글은 참다운 이성과 합리, 권리로 이정표를 밝히는 '등대'이다
_레**호크 / 남 / 50대

어느 대통령 후보가 이대남 사이트에 인사하러 왔을 때 가장 많았던
댓글이 '이선옥 작가를 만나라'였다. 그 정치인에게 꼭 보여주고 싶은 책
_ 이*/ 남 / 30대

남성성이 극도로 공격받는 이 시대에 저와 같은 젊은 남성들이
나아갈 수 있는 이정표가 되었습니다 _큰입** / 남 / 20대

자신의 감정과 지지 정파의 이해에 따라 쉽사리 판단 기준과 주장이
바뀌는 현 세태 속에서 이선옥 작가의 기준은 움직이지 않는다.
그녀의 말과 글은 범람하는 내로남불 속에서 이성과 사실을 추로 삼아
흔들리지 않는 사회의 닻과 같은 역할을 한다 _지나**이 / 남 / 40대

남자와 여자가 서로를 배제하고, 또 그것을 정치권이 부추기는
사랑 없는 세태에 대한 섹시한 저항 _서*범 / 남 / 30대

어떤 문제를 해결할 때 언제나 놓치지 말아야 할 중요한
맹점이 존재한다. 젠더갈등에 있어 페미니즘의 맹점을 알려고 한다면,
이선옥 작가의 책을 읽는 것으로 시작하길 적극 권장한다
_태* / 남 / 30대

정확한 논리에 내가 이해되고, 용기 있는 발언에
그동안의 내가 부끄러워진다 _몽* / 50대

억압받는 자에게 날아드는 내로남불 폭격을 방패처럼 막아주고
튕겨내는 이 시대의 빛 _최*호 / 남 / 40대

현 사회문제의 핵심을 짚어내는 날카로운 메스 _초*스 / 남 / 20대

진리를 자처하는 '낙인'의 들판에서, '사람'이라는 꽃을 피우고자 하는,
이선옥 작가의 글바구니 _성*람 / 남 / 30대

페미니즘은 성평등이라는 도그마를 깨주신 이선옥 작가님이
공론장에서 더 많이 활동하기를 바랍니다.
낙인과 배제는 민주사회에 어울리지 않습니다 _한* / 남 / 40대

남자라서 행복하고 싶은 모든 남성들에게! _김*준 / 남 / 30대

조용하고 차분하게 그리고 당당하게
자신의 주장을 굽히지 않고 펼치는 한 열사의 외침이
당신에게 꼭 전해지기를 희망한다 _비*문

여성과 남성. 이리 구분하던 삶에 왜, 그리 구분 해야 돼? 라는
의문이 생겼을 때 만난 이선옥 작가님.
덕분에 한 개인, 인간으로서 생각하는 데 많은 도움을 받았다.
_이*윤 / 여 / 50대

역사인식이 부족해서, 일베라서, 찌질해서, 취업이 안 돼서,
여자애들 공부할 때 롤 해야 돼서... 공적인 영역에서 공적인 인물들이
이제 막 성인이 된 아들뻘을 상대로 젠더갈등 원인 분석을 가장한
집단 린치를 가하는 게 표준이 된 미친 세상.
더구나 약자보호를 기치로 한다는 진보진영이, 약자를 위한다는
명목으로 그 행위를 주도하는 이 비극적인 상황들.
이 어려운 시기 하루 하루 버텨내는 보통의 이대남들에게 이 책을 보며
너희는 충분히 잘하고 있어! 라고 얘기해주고 싶습니다 _이* / 남 / 40대

개인의 자유와 권리가 민주주의에서는 어떤 방법으로
침해될 수 있는지 깨달았습니다 _김*기 / 남

이선옥 작가의 말을 조금만 더 경청했다면 젠더갈등이
이 지경까지 안 왔을지 모른다 _서*치 / 남 / 30대

항상 진보가 옳다고 생각해 왔는데, 그들의 페미니즘에 대해선 좀
의아했었지요. 작가님을 만나서 코페르니쿠스적 전환을 맞게 되었습니다.
한 10년 후에는 소위 정상 사회에서 모두 함께 마주하고 웃을 수
있었으면 하는 소망입니다 _박*홍

복잡한 사회 문제를 단편적인 성별 문제로 치환해버리는
미디어에 염증을 느낀다면, 이 책을 읽어야할 때! _M* / 여 / 30대

이선옥 작가는 이대남이 인정하는 이대남의 유일한 대변인이다
_고*난 / 남 / 40대

지금처럼 극단적으로 한쪽에 치우치며,
그 방식이나 사고가 기본 상식과 헌법정신에
벗어나는 흐름이면, 그 결과는 오히려 갈등만 심화되고,
남녀평등에 반하는 결과로 이어질 것임을
이선옥 작가님을 통해 명확하게 깨닫게 되었습니다
_김*태 / 남 / 30대

이 책과 이선옥 작가에 대한 위 평가들에 모두 동의한다.
두려워서 내 의견과 신상을 당당히 밝히지 못하는
스스로가 한심할 뿐이다 _진보셀럽 / 남 / 50대

차례

1 '이대남 현상'은 왜 일어났을까?

2 공정사회의 적들

3 내로남불과 이중잣대

6 이념을 넘어 다시 근대와 문명의 시대로

공정세대는 어떻게 태어났을까?

메일을 한 통 받았습니다. 지방의 한 공장에 다닌다는 이 청년은 일하는 틈틈이 짬내서 썼다며 긴 사연을 보내왔습니다. 메일 일부를 독자 여러분께 그대로 보이고 싶어 그에게 양해를 구했습니다. 20대를 막 벗어난 청년의 하소연입니다.

어제는 하루 종일 기분이 안 좋았습니다… 작가님께서도 아시겠지만 〈100분 토론〉이요… 최○○ 작가 발언 때문에 상처를 받았습니다. 저는 공장에서 기계를 다루는데 왼쪽 이빨 5개는 자연 치아가 아닙니다. 돈이 없어서 임플란트를 못한 곳도 있고요. 일하다 다친건데… 고속회전하는 기계의 용접된 부품에 크랙이 갔는데 그게 튀어나가면서 제 얼굴을 때렸어요. 이게 임플란트는 산재 대상이 아니라더군요. 에휴… 근데 최○○ 작가 말이, 고 김용균 씨 죽음이 남성성 때문이라는 말을 하는 거예요. 황당한 말이거든요. 저는 이빨 몇 개 부러진 정도지만 죽은 사람에게 그런 말을 한다는 것이 참… 더구나 김용균 씨는 생전에 비정규직의 환경과 인권을 위해서 운동하던 사람인데 이런 사람이 무엇을 위해, 또 누구에게 보여주고자 남성성을 과시하면서까지 안전을 등한시하겠습니까? 회사에 늘 요구해왔습니다. 안전 장비 바꿔달라, 이거 위험하다, 이렇게… 회사가 요구하는 물량을 안전 규칙 다 지키면서 생산하는 게 불가능합니다. 이게 비정규직과 소기업 문제인데 갑을관계에서 어쩔 수가 없는 상황인데 이게 남성성 때문이라니… 안전 장비 자체를 안 줍니다. 안전장비를 사비으로 사는 사람도 있어요. 그러면서 김○○ 변호사인가? 그분은 대를 위해 소가 희생해야 한다, 이런 황당한 주장을 하는데 그게 진보라면서…

제가 일하면서 쓰느라, 한 줄 쓰고 일하고, 한 줄 쓰고 일하고 해서 8시간이 걸렸어요. 그래서 뒤죽박죽합니다. 죄송합니다.

고단한 노동의 사이사이, 8시간이나 걸려 완성했다는 청년의 뒤죽박죽 하소연은 오늘날 평범한 젊은 남성들이 감당하고 있는 분노와 상처를 들려주고 있습니다. 청년들이 어쩌다 이렇게 고립무원에 천둥벌거숭이 취급을 받게 되었는지 마음이 아팠습니다. 젊은이들이 아픈 사회에 어떤 희망이 있을까요?

2015년, 여성혐오와 메갈리아 논란으로 점화돼 벌써 7년 동안 진행 중인 성별 갈등 현상의 기저에는 '공정'이라는 키워드가 있습니다. 특히 불공정에 분노하던 20대 남성들은 공정을 중요 가치로 내세운 제1야당의 젊은 대표를 정치적 대의자로 만들었고, 대선 시기에는 '여성가족부 폐지'라는 보수정당 후보의 공약에 환호하며 바닥을 치던 지지세를 일거에 회복시키는 힘을 보여주었습니다. 저는 이들을 공정세대라 부르기로 했습니다.

특정한 세대, 특정한 성별의 국민들이 행정부의 한 부처에 대해 이처럼 열렬한 관심을 보인 일은 지금껏 없었습니다. 이 현상에 대해 많은 사람들이 의아해 합니다. 특히나 그 이유가 '공정'과 '페미니즘'이라는, 별로 관련 없어 보이는 두 개념 때문이라는 사실에 대해서도 이해하지 못합니다.

진영논리에 기반한 비평가와 호사가들은 보이는 현상에만 집중합니다. 보수정당을 지지했다는 사실은 보수화, 일베화로 단순화시키고, 페미니즘을 반대한다는 사실은 약자혐오에 빠진 반동적 현상으로 취급합니다. 이보다 좀 낮다는 해석은 경제적 어려움으로 인해 경쟁자인 여성을 증오하게 됐다는 정도입니다. 이러한 게으른 해석이 2015년 메갈리아 사태 때부터 꾸준히 있었으나 청년들은 한 번도 이 해석에 동의하지 않았습니다.

　문제는 청년남성 당사자들의 반박은 어디에서도 제대로 다뤄주지 않았다는 사실입니다. 청년남성에 대해 얘기하는 자리에는 청년남성을 제외한 모든 사람이 초대됐습니다. 모든 매체와 공적인 담론의 장에서 청년남성 당사자의 견해는 들을 수 없었습니다. 청년여성들을 부르고, 여성운동가를 부르고, 진보진영의 오피니언 리더들을 불러 청년남성의 마음을 해부했습니다.

　산업 현장에서 일해보지 않은 페미니스트 남성평론가가 '산재는 남성성을 과시하다가 일어나는 사고'라 분석하는 부조리한 장면을 실제 산재사고를 당한 청년노동자가 시청하면서 느끼는 울분. 이게 바로 오늘날 청년남성들이 공통적으로 느끼는 감정입니다. 이들은 말합니다. "이건 사실이 아닐뿐더러 공정하지 않아!"

청년남성은 19대 대선과 지난 선거들에서 진보진영에 투표해왔습니다. 문재인 정부 초기까지만 해도 가장 높은 지지율을 보인 세대입니다. 그러나 이들은 20대 대선 과정에서 원하던 공약이 나오자 보수정당을 지지했습니다. 청년남성들이 페미니즘과 여성가족부를 반대하는 이유는, 그 둘이야말로 '불공정'의 상징이기 때문입니다.

왜 청년남성들은 하필이면 페미니즘과 여성가족부를 향해 분노의 목소리를 쏟아냈을까요? 이 이야기를 진지하게 이해하고자 한다면 독자 여러분이 혹시 가졌을지도 모르는 몇 가지 편견을 먼저 점검할 필요가 있습니다.

첫째, 청년남성은 성차별에 동의하는 차별주의자가 아닙니다. 이들은 민주화운동 세대인 부모가 하나, 또는 둘을 낳아 차별 없이 키운 자식들입니다. 차별을 경험한 부모세대와 달리 남자와 여자는 정말 똑같다고 생각합니다. 애초 성평등한 의식을 가졌기 때문에 여성이 차별받는다는 페미니즘을 오히려 받아들이지 못합니다.

둘째, 탈이념화된 세대라 기존의 진영논리에 매몰되지 않습니다. 이들은 광주시민이 고립돼 죽어갔을 때 그 사실을 몰랐거나 외면했거나 무기력했다는 죄책감, 동시대인들이 민주화를 위해 자신의 삶을 바칠 때 함께 하지 못했다는 죄책감 같은 집단적 부채서사가 없는 세대입니다. 실용적 스윙보터인 이들에게 어떻게 우파를 지지할 수 있느냐거나, 극우반동화 되었다는 평가는 들어맞지 않습니다. 애초 진보와 보수, 민주와 반민주라는 이념적 대립구도에서 자유로운 세대이므로 그러한 낙인은 틀렸을 뿐 아니라 부당합니다.

셋째, 이들은 능력주의를 맹신하는 게 아니라 공정의 재구성을 원합니다. 지금의 청년들이 집단적으로 공유하는 서사는 세월호와 탄핵입니다. 세월호는 87체제가 확립하고자 했던 '시스템'의 총체적 부실을 드러낸 사고였지만, 탄핵은 어쨌든 그러한 위기를 시스템으로 해결한 사건입니다. 촛불을 들고 탄핵을 지지했던 청년들은 시스템의 재건을 바랐습니다. 그런데 그러한 임무를 가졌던 정부가 오히려 불공정 사례들을 계속 만들어내자 결국 이들은 등을 돌립니다. 청년 남성들은 지금 윗세대가 망가뜨린 공정의 개념을 재구성하라고 요구하는 중입니다.

넷째, 이들은 투표라는 행위로 정치적 의사표현을 했습니다. 폭력적이거나 반민주적인 방식을 사용하지 않고, 대의민주주의를 채택한 나라의 시민으로서 이에 걸맞은 행동양식을 택했습니다. 청년남성들을 극우집단이라 비난하는 견해는 제대로 입증된 바가 없습니다.

몇 가지 사례를 들었지만 이 모든 편견을 관통하는 한 가지 요소가 있습니다. 바로 '시차'라는 장벽입니다. 자신이 살았던 시대가 아니라 지금 세대의 눈으로 문제를 바라봐야 합니다. 윗세대가 경험한 차별을 지금 세대는 알지 못합니다.

청년들은 현재의 불공정을 호소하는데, 힘을 가진 윗세대는 과거의 차별경험만을 생각하니 이들을 이해하지 못합니다. 공정한 경쟁시스템을 통해 능력을 입증하면 승복할 수 있지만 여성할당제와 같은 특혜는 받아들이지 못합니다. 세대 사이에 놓인 이 시차의 장벽을 극복하려는 노력이 있어야만 해결의 실마리가 보입니다.

누가 노력해야 할까요? 당연히 윗세대가 노력해야 합니다. '너희들의 잘못은 아니고, 너희들은 경험하지 못했지만, 윗세대의 여성들이 차별로 입은 피해를 지금 젊은 여성들에게라도 보상을 해야겠으니 너희가 조금 불이익을 겪더라도 남자답게 참고 받아들이라'는 게 지금 청년남성들이 윗세대에게 받고 있는 대우입니다. 정작 차별의 수혜를 입은 윗세대 남성들은 어떠한 기득권도 내려놓지 않습니다. 오히려 그들이 만들어놓은 독박병역 제도는 여전히 오늘 청년남성들의 자유와 기회를 강제로 빼앗고 있는데 말입니다. 그래서 청년남성은 청년여성에 비해 세대갈등까지 더 깊게 겪습니다.

이 책은 7년 동안 이어진 청년남성의 사회적 저항 서사를 여러 사례들을 통해 담아냈습니다. 1장에서 4장까지는 그들이 왜 그토록 '공정'에 민감하게 되었는지, 정치적으로 보수정당을 지지하게 됐는지, 페미니즘과 여성가족부에 격렬하게 반대하는지 최대한 이해하기 쉽게 기록하고자 했습니다. 5장에서는 청년남성의 분노지점을 살피는 일이 성별 대립의 해소뿐 아니라 근대적 가치와 문명을 수호하는 것과 맞닿아 있음을 짚었습니다.

6장은 한발 더 들어가 정체성 정치와 PC주의 문제를 다뤘습니다. 공정세대가 느끼는 분노와 차별감정 상당수가 페미니즘과 같은 정체성 정치와 PC주의 운동에 대한 반감에서 비롯됩니다. 앞으로 성별갈등 외에도 우리 사회의 갈등현상을 파악할 때 이 지점을 더 깊게 다룰 필요가 있습니다. 그리고 글의 마지막 대목에 부족하나마 해결책을 제시해보았습니다.

이쯤되면 왜 청년여성에 대해 이해하려는 노력은 없느냐는 질문이 나오겠지요. 그간 청년남성들이 가장 많이 들어야 했던 말이 '기울어진 운동장'입니다. 차별받아온 여성들을 우대하는 것이 기울어진 운동장을 바로잡는 해결책이라는 주장입니다. 진보진영이 심할 정도로 반복하긴 했지만 기울어진 운동장 논리는 보수와 진보 모두 같은 입장이었습니다. 그래서 공적 견해와 담론이 표현되는 모든 장에서 청년여성을 이해하고 지지하는 견해만이 차고 넘쳤습니다. 모두가 한결같이 말했습니다. '페미니즘은 곧 성평등이다, 미러링은 정의로운 운동이다, 다소 거친 행동을 하더라도 누적된 차별 때문이니 이해해야 한다, 젊은 여성들의 목소리를 들어야 한다, 20대 여성은 새롭고 진보적인 정치세력이다.'

청년남성이 극우, 일베, 반동 취급을 받을 때 여성들은 이러한 공적 응원을 받았습니다. 담론장이야말로 청년남성들에게 불공정의 장입니다. 그래서 이 책은 청년남성에게 집중했습니다. 불공정하게 기울어진 담론의 장에 소외된 목소리를 전하려는 작은 노력으로 이해해주셨으면 합니다.

청년남성들이 주장하는 공정이 미래지향적이거나 진취적인, 청년다운 기치가 아닐 수 있습니다. 사회의 정의보다 개인적인 불이익에만 매몰된 이기적인 모습으로 보일 수도 있습니다. 그러나 정의 또한 시차가 존재합니다. 독재나 반민주에 대한 항거가 정의이던 시대와, 민주화된 선진국에서 나고 자란 세대의 정의가 같을 수는 없습니다. 이들에게는 불공정한 시스템에 저항하는 게 오히려 정의에 가깝습니다.

　공정이 곧 정의가 아닐 수는 있지만, 공정이 없는 정의란 완성될 수 없습니다. 정의로운 사회를 원한다면 이들이 요구하는 공정에 귀 기울여야 합니다.

모든 청년들이 예전처럼 마음껏 사랑하고 동료시민으로 협동하면서 살아가는 세상이 되기를 바랍니다. 욕망이 죄가 되지 않고, 열렬하게 사랑을 나누며, 책임을 아는 성숙한 성인들이 만들어가는 자유로운 세상을 꿈꿉니다. 공정세대가 원하는 세상도 마찬가지입니다.

공정세대를 분석하는 책을 썼지만 저 또한 기성세대로서 이들을 온전히 이해할 수는 없습니다. 그러나 보통의 청년남성들이 공통적으로 느끼는 감정과 경험에 대해 최대한 사실에 기반해 편견 없이 이해하려 노력했습니다.

이 책이 분노와 상처로 마음고생한 청년들에게는 위로를, 이런 세상을 만들어놓고 무책임하게 방치한 기성세대에게는 반성의 기회를, 사태를 잘 몰랐던 분들에게는 이해의 실마리를 제공하는 다리가 되었으면 합니다.

이선옥 드림

1

'이대남 현상'은 왜 일어났을까?

그래도 되는 존재, 남성

2020년, 선제적 방역 정책이 시행되던 때였다. 시민들은 동
선 파악과 신원정보 공개 정책 때문에 감염 공포에 더해 사
생활의 노출과 비난에 대한 두려움까지 안게 됐다. 이른바
슈퍼전파자의 존재는 그러한 시민들의 분노를 증폭시켰다.
규칙을 어기고 타인에게 바이러스를 감염시킨 동료시민에
게 비난의 화살이 집중됐다. 이즈음 서울시는 코로나19 관련
한 계도 영상을 만들었다. 감염 사실을 숨기고 수많은 사람
과 접촉해 구상권 청구를 당한 50대 여성의 사례를 바탕으
로 만들었으나 주인공을 중년남성으로 바꿔 제작하면서 문
제가 됐다. 실화를 바탕으로 했어도 계몽을 위해 제작한 영
상에서는 여러 요소를 바꿀 수 있으므로 예전 같으면 별다른

문제가 되지 않았을 일이다. 그동안 남성이 나쁜 행동을 하는 사람으로 상징되는 일은 흔했고 남성들도 이를 문제 삼지 않아 왔다. 그러나 이제는 이런 일을 그냥 넘기지 않게 됐다. 남성들은 해당 영상에 '싫어요'와 비난 댓글로 항의를 표했다.

그러면 안 되는 존재, 여성

서울시는 왜 주인공의 성별을 군이 바꿔서 제작했을까? 보통 실화를 재구성할 때 개인이 특정되지 않도록 직업이나 주변 환경을 각색하는 일은 있어도 성별을 바꾸지는 않는다. 추측 건대 '방역죄인'을 향한 사회적 비난이 높은 시기에 여성을 주범으로 묘사한 영상이 나왔을 경우 맞이할 비난을 비껴가려 한 게 아닐까 한다.

나쁜 일의 행위자로 여성을 묘사하는 것에 대해 오늘날 페미니스트들은 매우 예민하다. 여성에 대한 나쁜 편견이 강화된다는 이유로 즉각 반발하고 이를 바꾸려 행동에 돌입한다. 공공기관과 기업들은 상당한 압력을 받고, 드라마, CF, 예능 프로그램 등 대중문화 제작진들은 이제 이러한 요소를 상수로 고려한다.

2019년 한국방송광고진흥공사가 제작한 데이트 폭력 예방 공익광고도 페미니스트 진영의 격렬한 반대에 부딪혔다. 이들은 SNS와 칼럼, 기사들을 통해 폭력의 성별화된 구조를 보지 않고 여성을 데이트 폭력의 가해자로 묘사했다며 비난을 쏟아냈다. 해당 광고는 데이트 폭력의 가해자를 남녀 동수로 구성했는데, 페미니스트 진영은 성폭력 범죄의 맥락을 보지 않은 기계적인 배치라며 반발했다.

그런데 이러한 비판은 이상하다. 오늘날 수사기관에서는 데이트 폭력이라는 개념의 정의를 페미니스트 진영이 만든 정의에 따른다. 언론사들도 마찬가지다. 이들이 규정한 데이트 폭력 행위는 연인 사이에 남녀 구분 없이 일어나는 일이다. 사생활 통제, 옷차림 제한, 휴대전화와 SNS 감시, 소리 지르기, 욕설, 상대를 탓하기, 힘껏 움켜쥠, 밀침, 폭행을 가함, 비동의 상태의 스킨십, 원치 않는 성관계 등 모두 그렇다. 자해 위협, 정서적 의존 등의 행위도 마찬가지다. 나를 죽이거나 해칠 수 있다는 공포에서 물리적으로 약한 여성들이 더 공포를 느끼는 상황이 분명히 존재하지만, 여성의 자해나 자살 위협, 스토킹 등으로 안전 이별을 두려워하는 남성들의 공포 또한 존재한다. 개인들이 주관적으로 느끼는 공포의 크기는 계량할 수 없다. 그러므로 데이트 폭력이라는 개념 자체는 성별보다 관계의 형태가 더 크게 작동하는 영역이라는 특성을 갖는다.

나는 데이트 폭력이라는 새로운 폭력의 개념에 동의하지 않지만 그녀들이 정의한 개념 안에서도 여성 가해자는 얼마든지 존재할 수 있다. 그러나 이들은 여성을 가해행위자로 묘사한 것을, 단지 절반의 비중으로 다루는 것조차 비난한다. 존재할 수 있고, 실제 존재하는 가능성일지라도 용납하지 않는다. 여성의 나쁜 짓은 맥락이 있는 구조의 문제이며, 여성을 나쁜 짓의 행위자로 묘사하는 일은 그것이 사실이라 해도 성평등에 위배된다는 이들의 주장은, 결국 여성을 부정적으로 묘사하는 모든 사회적 표현을 통제하려는 움직임으로 귀결된다.

범죄자의 실루엣 속 남성

반면 남성이 나쁜 짓의 행위자로 상징되는 것에 남성들은 큰 거부감이나 관심이 없다. 남성 자신들조차 남성에 대한 차별이나 비하로 생각하지 않기 때문에 이를 조직적으로 반대할 세력은 없다. 예를 들어 온갖 범죄뉴스의 삽화나 사진은 남성을 당연히 범죄자로 그린다. 심지어 여성이 가해자인 뉴스에서도 그림은 남성이 가해자다. 여성이 지하철에서 공공연하게 남성을 폭행해 머리에 피가 난 사건도 기사의 이미지는 남성과 남성이 싸우는 모습이다. 보이스피싱 범죄자는 당연하게 그'놈'이다. 그러나 이런 일에 항의하는 남성은 없다. 남성을 어떻게 묘사하든 관심이 없는 남성들이 나쁜 짓의 행위자로 묘사될 가능성은 당연히 높다.

서울시가 실제 존재하는 여성을 남성으로 바꾸게 된 기저에는 남성들이 이를 부당한 차별행위로 인식할 가능성이 낮고, 언론매체들 또한 남성에 대한 모욕에는 관심이 없는 현실 인식이 깔려 있다. 앞으로 남성들이 이런 문제를 제기하고 나서고 그것이 일정한 압력으로 작용한다면 우리 사회는 많은 묘사에 성별을 드러내는 것을 꺼리게 될 것이며, 동물이나 무성의 존재로 묘사하는 우회로를 택하게 될 것이다. 그러나 이 또한 안전하지는 않다. 여성 혹은 남성을 상징하는 것으로 보이는 동물이나 무성적 존재 또한 성차별 감별의 심판대에 놓이게 된다. 페미니스트들은 '비가시적인 차별'을 예민하게 짚어내기 때문이다.

2020년, 경찰청은 마스코트인 포돌이와 포순이를 20년 만에 새로 제작했다. 페미니스트 진영은 여경을 상징하는 포순이가 성별 고정관념을 강화한다며 시정을 요구했다. 경찰청이 새로 제작한 포순이는 단발머리를 귀 뒤로 넘기고, 속눈썹을 없애고, 치마 대신 바지를 입은 모습으로 바뀌었다. 언뜻 보면 포돌이와 포순이가 구분되지 않는다. 비단 포순이뿐 아니라 많은 상징들이 바뀌는 중이다.

포순이가 치마를 입어서 여경에 대한 편견이 강화된다는 것은 페미니스트 진영의 주장일 뿐 입증된 바는 없다. 여경에 대한 부정적 인식은 현실에서 시민안전을 제대로 지키지 못한 여경의 사례들을 통해 쌓인다. 그러나 앞으로도 공공기관들은 성평등한 사회를 위한다는 명분으로 이러한 압력을 수용하고, 국가의 재정으로 효과를 확인할 수 없는 작업들을 할 것이다. 여성가족부는 대전엑스포를 상징하는 캐릭터인 꿈돌이와 꿈순이 또한 성차별적이라며 시정을 요구했다.

대중문화 영역은 어떠한가? 스타부부나 연인이 등장하는 관찰형 예능 프로그램을 보면 통상적으로 남자는 사고를 치고, 어린아이처럼 한심한 짓을 반복하는 교정 대상으로 묘사된다. 아내는 남편이 아끼는 취미용품을 동의 없이 내다 팔고, 남편의 사생활과 행동을 통제하지만 현명하고 사리분별력 있는 존재로 취급받는다.

스튜디오의 게스트들은 대부분 남자의 생활 태도를 지적하고 현명한 아내의 말을 들어야 한다고 조언한다. 나는 어느 아내가 남편이 무척 아끼는 고가의 게임기와 모니터를 동의 없이 팔아치우는 장면을 보았다. 프로그램 안에서 이 행동은 철없는 남편의 행동을 교정하는 현명한 대책으로 칭찬받았다. 코미디언 아내는 자신의 지시에 따르지 않았다는 이유로 남편의 머리를 물건으로 때리고, 또 다른 코미디언 아내는 남편에게 물건을 집어던지며 욕설을 뱉는다. 이런 장면은 여과 없이 방영된다. 게스트들은 철없는 남편, 혼나 마땅한 남편, 아내의 당연한 응징으로 해석하며 오히려 남성의 반성을 촉구한다. 물리적인 폭력행위에 대한 문제의식은 없다.

만일 어떤 남성 연예인이 아내의 생활 태도를 고치겠다며 취미활동 용품, 그것도 고가의 물건을 동의 없이 헐값에 내다 파는 장면이 방영된다면 페미니스트 진영은 묵과하지 않았을 것이다. 남편이 아내의 머리를 때리고 물건을 집어던지며 욕설을 하는 장면이 방영됐다면, 진보매체를 위시한 언론들은 시대착오적이며 심각한 성차별을 희화화한다며 성인지 감수성 없는 남성과 해당 방송을 비난하는 기사를 쏟아냈을 것이며, 제작진과 출연 남성은 머리를 조아려야 했을 것이다.

실제 여성에 대한 성차별적 묘사라는 비판을 받고, 소비자들의 항의를 접한 후 사과하고 시정을 약속하는 사례들이 쌓이면서, 남성들 또한 웃으면서 예능을 볼 수 없게 됐다. 특히 대중문화를 중요한 화제로 소비하는 커뮤니티 등지에서 '기울어진 운동장'을 인식하기 시작하면서 대중문화는 성별 전쟁의 상설 전장이 됐다. 이제 어떤 성별도 자신의 성별에 대한 모욕을 참지 않는 세상이 되었다. 때로는 모욕 아닌 것마저 모욕으로 느끼며 분노하기도 한다. 물론 그 조직적 힘에서 남성은 아직 여성들을 따라가지 못한다. 서울시의 코로나 영상 사건처럼 굳이 바꾸지 않아도 되는 성별을 바꿔 갈등을 유발하는 대응이 계속되는 한 해결 또한 요원하다. 기저에 있는 본질적 요구를 파악하기보다는 힘 있는 목소리에는 굴복하고, 문제가 없을 만한 존재에게는 모욕을 행해도 된다는 인식이 아직 교정되지 않았기 때문이다. 지금 우리 사회에서 '그래도 되는' 존재는 남성이다.

여성에 대한 폭력을 바로 잡기 위해 남성에게도 폭력을 가한다면 결국 폭력의 피해자를 늘리는 일일 뿐 기울어진 운동장을 바로잡는 대책이 될 수 없다. 온 사회가 미러링을 지지하며 남성혐오를 양산한 끝에 마주한 현실은, 결국 혐오의 총량이 늘어난 오늘의 한국사회라는 것에서 교훈을 얻을 때도 되지 않았는가.

고소하는 여성, 잡혀가는 남성
: 성인지 감수성의 나라

한 남성이 출근길 지하철에 서서 휴대폰 게임을 했다. 그의 앞에 앉아있던 여성은 앞에 서서 손의 땀을 옷에 닦는 남자의 행동이 거슬렸다. 그녀는 이 남성을 3초가량 촬영해 지하철수사대에 신고했다. 신고내용은 자신의 앞에서 성기를 15초간 만졌다는 것이다. 하지만 촬영된 장면은 단지 휴대폰 게임을 하는 남자의 상반신 모습이었다.

수사대가 남자를 수사했지만 CCTV확인을 통해서도 게임하다 옷자락에 땀을 닦은 것 외에는 혐의점을 발견하지 못했다. 그런데 수사대는 사건을 종결하지 않았다. 오히려 잠복수사까지 해서 남자의 혐의를 찾아내려 했고 결국 실패했다. 무혐의 처분을 받기까지 이 남성은 게임에 접속한 기록을 제출하고, 범행사실을 인정하라고 유도하는 심문을 받아야 했으며, 모욕스러운 질문들에 답해야 했다. 무엇보다 갑자기 수사기관에서 고소당한 사실을 통보받았을 때의 놀라움과 두려움은 처음 겪는 것이었다.

반면 이 남성을 고소한 여성은 남성에게 사과하며 이렇게 말했다.

그날 하루가 다른 것으로 너무 신경 쓰여 힘든 상황이었기 때문에… 누가 앞에서 상의 부분을 손바닥으로 만져서 신경이 쓰이는 행동 하나가 불쾌해서… 누구 한 명을 그냥 고소하고 싶어서 아무런 이유 없이 신고를 했다. 남자의 인생을 망치려고 한 것은 아니었다.

무너진 원칙, 무고죄의 문제들

이 여성은 반드시 무고죄로 처벌을 받아야 한다. 혹자는 한 사례를 일반화해서 문제를 과장하는 게 아니냐고 한다. 우리의 사법체계에서 가장 중요하게 여겨오던 원칙은 '열 사람의 범인을 놓치더라도 한 사람의 억울한 피해자를 만들면 안 된다'는 것이었다. 그러나 성범죄에서 우리가 합의한 이 원칙은 무너졌다. 무고죄에 대한 잘못된 대처가 이런 사회를 만들어내고 있는 것이다. 그래서 단순하게 무고범 하나를 처벌하는 것으로 끝내지 말아야 할 문제들을 짚고자 한다.

첫째, 어떠한 제도든 잘못 설계되면 이를 악용하는 인간들이 반드시 있고, 이는 그 제도를 설계한 자들의 책임이다. 수사기관과 사법기관이 여성의 진술을 증거 이상으로 취급하는 사회에서 여성들은 금전이든 기분이든 자신에게 이롭게 작용하는 무고의 유혹을 제어하지 못한다.

둘째, 어떠한 문제에 대처하기 위해 만들어진 특수한 목적기구는 실적을 쌓아 존재이유를 입증하려는 속성을 갖는다. 지하철의 성범죄 전담수사기구가 그 예다. 위 사건에서도 수사대는 고소된 해당 장면에 범죄혐의가 없음이 입증되었다면 수사를 종결하고 오히려 무고의 혐의를 수사해야 했다. 그런데 이들은 유죄를 추정하고 어떻게든 남자의 범죄를 입증하기 위해 잠복까지 하는 무리한 수사를 한다. 수사력의 낭비이며 무죄추정의 원칙 또한 위반한다. 이들이 이렇게 하는 이유는 시민의 권리보다 실적이 중요하기 때문이다. 그러라고 기구를 만들면 그런 행위들이 강화될 수밖에 없다.

셋째, 무고범죄는 형량을 높이는 것보다 무고범죄 자체를 유죄로 인정받기가 극히 드문 것이 가장 문제고, 어렵게 인정되더라도 죄질에 비해 그 형량이 책임비례의 관점에서 극히 약한 것이 두 번째 문제다. 특히 성범죄에 관해 여성 무고자들의 형량은 남성이 성범죄 혐의를 받은 데에 대한 피해에 비교하면 너무 낮다. 최근에도 사귀던 남성을 준강간혐의로 고소한 무고피의자 여성에게 법원은 집행유예 판결을 내렸다. 준강간 혐의는 요즘 징역 3년 이상을 선고받는 중범죄다. 어렵게 입증된다 해도 이러한 솜방망이 처벌이 반복되는 이상 무고의 유혹을 떨치기란 어렵다.

넷째, 이러한 세상을 만든 데에는 페미니스트 진영의 책임이 절대적이다. 페미니스트 진영의 압박에 수사기관과 사법기관이 모두 숙고 없이 무릎을 꿇었기 때문이다. 여성계는 성범죄 사건에서 여성에 대한 무고혐의 수사를 적용하지 말라고 요구해왔다. 여성들이 마음 놓고, 어떠한 장벽도 없이 성범죄를 신고할 수 있도록 무고죄를 없애야 한다는 것이다.

2018년, 대검찰청과 법무부는 이러한 요구를 전격 수용해 수사매뉴얼을 바꿨다. 성범죄 사건에서 무고죄로 고소를 하면 무고수사를 유예한다는 것이다. 이를 주도한 당사자가 여성계 출신인 페미니스트 권인숙 의원과 여성가족부이다. 이 조치는 남성들을 사실상 법적 지위에서 2등 국민의 존재로 만들었다. 만일 그냥 기분이 나빠 누군가를 고소하고 싶은 상태의 여성이 있을 때, 그녀는 사기죄나 폭행죄로는 누군가를 고소하지 못한다. 하지만 성희롱, 성추행 등 성범죄는 가능하다. 진술만으로도 유죄 판결이 가능하고, 여성에 대한 무고 의심을 하지 않으며, 유죄추정이 작동한다는 것을 누구보다 잘 알기 때문이다.

동료시민의 권리를 침해하는 사회

그러나 이런 세상을 만든 데에 대해 페미니스트 진영은 책임감이 없다. 있다면 애초 그런 요구를 하지 못했을 것이다. 만일 입법부, 행정부, 사법부 중 한 기관이라도 원칙을 지켰다면 이런 정도까지 오지는 않았을 것이다. 특히 정치권에서 이에 대한 문제의식을 찾아보기 어렵다.

무고 피해를 호소하는 남성시민의 목소리는 어떠한 수사기관, 사법기관도 경청하지 않는다. 무고 피해는 남성만의 문제가 아니다. 한 가족의 가장, 남편, 아들, 혹은 누군가의 연인이 성범죄자로 몰리는 건 당사자뿐 아니라 가족에게도 큰 고통을 남긴다.

대선에 출마한 후보들 모두 성범죄에 대한 엄단을 경쟁적으로 공표했다. 성범죄 엄단에 비례해 무고죄에 대해 처벌을 강화하겠다는 일부 후보에 대해 여성계는 비난을 퍼부었다. 무고죄는 성범죄뿐 아니라 다른 형사범죄에도 적용된다. 무고는 공동체의 신뢰를 무너뜨리고, 사법력을 낭비할 뿐만 아니라 억울한 피해자를 만들어내는 무거운 범죄다. 누가 가해자든 엄중한 책임은 똑같다.

여성의 이익을 위해 법체계를 흔들고 동료시민의 권리를

침해하라는 요구가 수용되는 사회는 정상국가의 모습이 아니다. 남성들은 여성의 이익을 무시하라는 게 아니라 비정상적인 국가의 모습을 납득할 수 없는 것이다.

불공정 사회에 경종을 울린
20대 남성들

필자는 2021년 4월 7일 재보궐 선거가 끝난 후 20대 남성들에게 고마움을 표하는 글을 썼다. 그간 한국사회의 지성이라 불리는 모든 집단은 남성을 노골적으로 혐오hate하는 영페미-넷net 페미니스트 세력에게, 억압에 맞선 정의의 수호자라는 부당한 찬사를 바쳐왔다. 이에 반해 남성혐오에 반발하는 젊은 남성들에게는 극우, 일베몰이로 일방적인 낙인을 찍었다. 어른들은 자식이거나, 조카이거나 어린 동생뻘인 남성들을 모욕하는 글을 써댔고, 이를 접하는 젊은 남성들은 억울함과 분노, 무기력함 같은 감정들을 쏟아냈다. 자신들의 어려움을 이해하고 지지해주는 어른이 없다는 것은 불행한 일이다. 그러한 고립감을 한 세대집단이 느끼고 있는 현상은 한국사회에 위험 경보가 울린 것이다. 그러나 우리 기성세대는 이들이 보내는 구조신호를 못 보거나 외면해 왔다.

어제와 오늘의 페미니즘

페미니즘 운동은 지금 한국사회에서 역사상 최고의 권력을 가졌다. 여성운동은 늘 있어왔지만 정치권뿐 아니라 제도와 문화까지 모든 영역에서 지금과 같은 권력을 가져본 적은 없었다. 7년 동안 거침없이 기세를 올리기만 하던 페미니즘 운동은 2021년 20대 남성들의 투표로 처음 주춤하는 모습을 보였다. 아이러니하게도 성차별한 문화 속에서 살아온 장년세대의 가부장적 남성들이 아니라 동년배의 젊은 남성들에 의해 걸린 제동이다. 그간 진보의 자장 안에 있던 부문 운동의 하나였다가, 이제 진보와 보수를 넘어 독자적 권력을 가지게 된 페미니스트 진영은 이 상황을 어떻게 돌파할까?

사회운동의 역사를 보면 어떤 조직운동이 위기를 맞을 때 치열한 자기반성과 성찰로 변화를 택하거나, 외부의 적에 의한 공세로 규정하고 오히려 결속을 다지는 것으로 돌파하거나 둘 중 하나를 택한다. 페미니스트 진영은 후자를 택했다. 20대 남성의 75퍼센트가 보수정당의 후보를 택했고, 이들은 이 선택의 이유를 페미니즘 진영을 대표하는 집권정당의 불공정과 독선, 차별정책에 대한 항의라고 밝혔다. 그러나 페미니스트 진영은 이를 인정하지 않았다. 오히려 다른 요인들 때문이라고 주장하며 젠더 갈등은 없고 단지 여성에 대한 성차별이 존재할 뿐이라는 말을 되풀이했다.

여기에는 페미니즘이라는 이념의 근본적 속성이 작용한다. 페미니즘은 여성을 가부장제 사회에서 언제나 억압과 차별을 당하는 피해자이며 약자라 규정한다. 이러한 피해의식과 약자 정체성은 페미니스트들의 반성과 자기성찰이라는, 운동가로서 필수적 요소를 제거해버렸다. 자신이 약자이며 피해자라 생각하는 사람은 모든 문제의 원인은 가해자에게 있다고 규정하기 때문에 책임의식이 없다. 피해자에게 반성을 요구하는 것은 또 다른 억압이라 간단히 규정하고, 정의로운 페미니즘이 부당한 공격을 받고 있다고 여긴다. 이들은 페미니스트에게 가해지는 여하한 비판을 모두 백래시(반동)로 일축한다.

페미니즘 진영의 내일은

성범죄와 혐오문화, 이 둘은 높은 수준의 성평등 사회에 도달한다 해도 사라지지 않을 요소이다. 현실적으로 범죄율 제로에, 문화적 혐오가 전혀 없는 사회란 불가능하기 때문이다. 그래서 제도적 평등이 자리 잡은 사회의 페미니스트 진영은 성범죄와 혐오문화를 새로운 명분으로 앞세운다. 한국사회의 넷페미니스트 진영이 성범죄와 여성혐오를 들고 나온 것은 새삼스러운 일이 아니라 페미니즘이 앞서 발달한 1세계 국가들의 공통적 현상이다.

제도적 평등이 자리 잡은 사회에서 페미니스트의 논리는 우선 도달 불가능한 목표를 설정하고 이에 도달하지 않았으니 여전히 성불평등 국가이며, 그러므로 페미니즘은 언제나 유효한 이념이라는 공식으로 전개된다. 지구상 가장 높은 수준의 성평등을 이뤘다고 하는 북유럽이나 선진국들에서도 페미니스트 진영의 주장은 언제나 같다. 여성은 여전히 성범죄와 여성혐오에 시달리고, 데이터로는 입증할 수 없지만 보이지 않는 차별이 먼지처럼 존재하며, 유리천장 또한 견고하고, 남성들은 성인지 감수성이 부족하다고 한다. 결론은 더 많은 페미니즘이 필요하다는 것으로 귀결된다. 지구상 최고 수준의 성평등을 이룬 국가에서도 페미니즘이 사라지지 않는 이유이다.

페미니즘에 따르면 성범죄는 범죄의 한 유형이 아니라 성차별의 결과이므로, 차별을 없애야 성범죄가 사라지고, 차별을 없애려면 구조적 가해자인 남성을 교정하고 처벌해야 하며, 교정의 내용은 나임윤경 양성평등교육진흥원장의 강의처럼 남성들에게 '잠재적 가해자라는 낙인을 불쾌해하지 말고 스스로 잠재적 가해자가 아님을 '정성스레' 입증해야 시민의 자격이 있다'고 가르친다.

차별사회에 경종을 울린 20대 남성들

이러한 페미니즘 논리가 검증 과정 없이 국가기관을 통해 제도로 수용되어온 지 수십 년이 되었다. 성차별을 목도하고 경험한 세대와 달리 성평등하게 자란 20대 남성들은 '남성은 성차별 가해자'라는 규정부터, '유해한 남성성'이나 '남성 개조' 논리를 받아들일 수 없었다. 남녀는 평등하다는 인식이 견고하기 때문에 오히려 페미니즘이라는 성차별 논리를 받아들이지 못한 것이다. 그러나 페미니즘으로 인해 도입된 수많은 정책의 성차별 문제와, 남성에 대한 집단적 혐오 현상은 기성 매체들에 의해 가려졌다. 페미니즘과 페미니스트의 문제는 비판의 성역이 됐고, 이 이념에서 근거한 성인지 감수성은 오히려 국가가 주도하는 전 국민 의식교육으로 자리를 잡았다. 페미니즘은 점점 성역이 됐다. 사회 전체로 보면 누구도 이 문제에 메스를 댈 수 없는 방향으로 굳어졌다. 구조적 문제는 무지해서 파악하지 못하고, 심각한 폐해에는 무관심하고, 안다해도 여성혐오자라는 낙인이 두려워 말하지 못하는 상황이 수년 동안 이어졌다.

정치권과 언론, 지식인 사회에 더 이상 공정함이나 기계적 균형마저도 기대할 수 없어진 시점에서, 20대 남성들이 공고한 페미니즘 카르텔을 향해 작은 공 하나를 쏘아올렸다. 그게 바로 4·7재보궐 선거의 '이대남 라이징' 현상이다. 이들은 미러링이라는 혐오행위 대신, 동료시민을 향한 위헌적인 행위 대신, 더러운 말과 거친 행동이 아닌 민주사회의 시민이 가진 투표권 행사로 이러한 결과를 만들어냈다.

'남성들은 스스로 가해자가 아님을 '정성스레' 입증해야' 시민의 자격이 부여된다는 나임윤경 한국양성평등교육진흥원장, 남성혐오 집단을 두고 '메갈의 미러링이 아니었다면 소라넷 폐지는 없었다'던 진선미 전 여성가족부 장관 등 페미니스트 관료들에게 '시민적 의무와 자격'이란 무엇인지 오히려 보여준 것이다. 20대 남성들이 쏘아올린 작은 공이 한국사회의 차별을 시정하고 공정을 회복하는 정의로운 결과로 돌아오도록 하는 일은 이제 우리 모두의 몫이 되었다.

'이대남'에 대한 오해에서 이해로

사회의 여론을 주도하는 학계, 언론계, 정치계가 지속적으로 부당한 규정을 하다 보니, 이대남은 정상성의 범주를 벗어난 뒤틀리고 이질적인 집단처럼 취급되었다. 그래서 이대남은 억울하다. 이들은 전통적으로 진보적인 정치세력을 지지했고, 촛불을 들어 보수정당의 대통령을 탄핵시킨 정치적 경험을 했으며, 세월호의 침몰을 또래의 처지에서 가슴 아프게 지켜본 동질성을 가지고 있다. 누구보다 정상적 시스템에 대한 갈망이 크고 기성세대의 변화를 절실하게 요구했던 세대이다.

그랬던 이들이 극우나 우경화라는 비난을 받는 것은 보수정당에 대한 지지로 돌아선 현상 때문이고, 차별주의자 또는 혐오주의자라는 비난은 페미니즘에 대한 반감 때문이다. 그렇다면 과연 이들이 당하고 있는 낙인의 근거가 맞는 것인지를 살펴볼 필요가 있다. 그러한 노력을 기울이는 세력이 단 한 곳도 없다는 것이 우리의 청년들을 불행하게 하는 큰 이유다.

성평등의 역설

'가장 성평등 의식이 높기 때문에 페미니즘을 받아들이지 못하는 세대'. 필자가 20대 남성들을 지켜보면서 내린 진단이다. 이상하지 않은가? 페미니스트 진영은 페미니즘이 곧 성평등이고, 성평등에 동의하는 사람은 모두 페미니스트라고 주장해왔다. 윗세대 남성과 여성들 모두 이러한 주장에 별다른 이의를 제기하지 않았다. 성평등이라는 옳은 가치에 동의하는 게 페미니즘이라면 자신은 페미니스트가 맞다고 생각했기 때문이다. 그렇다면 지금 페미니즘을 거부하는 청년 남성들은 성평등에 반대할까? 그렇지 않다. 이들은 어느 세대보다 성평등 의식이 높다. 남성과 여성은 똑같다고 생각한다. 이게 바로 윗세대가 놓치고 있는 자신들의 '시차부조화' 현상이다.

성평등 의식이 높을수록 페미니즘을 반대하는 역설적인 현상은 성차별 양상像의 시대적 변화를 윗세대가 깨닫지 못하기 때문이다. 지금 20대 남성들은 어릴 때부터 남자와 여자는 똑같다고 배워왔다. 부모인 586세대가 그렇게 가르쳤다. 이들은 한 명 혹은 두 명을 낳아 물질이나 의식면에서도 차별하지 않고 똑같이 키웠다.

학교교육도 마찬가지다. 교사는 성평등을 가르치고, 남학생들이 경쟁을 포기할 정도로 여학생들이 성적의 상위를 차지하는 일이 흔해졌다. 대학진학률은 이미 여성이 남성을 추월한 상태다. 가정과 학교 모두 남성과 여성을 차별하지 않는 일치된 교육방향을 가진 환경에서 자랐고, 여자가 열등한 존재가 아니라는 것을 체감하기 때문에 남성과 여성은 그야말로 똑같다고 생각한다.

그래서 이들은 오히려 여성주의 이념인 페미니즘을 받아들이지 못한다. 즉 성평등한 의식 때문에 페미니즘을 반대하는 것이다. 페미니즘은 곧 성평등이라는 공식은 윗세대에 통용되던 것이지 지금은 아니다. 이들은 남녀 모두 권리도 동등하게 보장받고, 책임도 동등하게 나누는 것이 성평등이며, 성별을 이유로 다르게 취급하는 것은 성차별이라 생각한다. 여성은 차별받는 약자이므로 여성의 이익을 신장시키는 일이 곧 성평등이라는 페미니즘 논리야말로 이들의 인식체계에서 수용하기 어려운 성차별 이념인 것이다.

이대남 성평등의식의 현실

이런 인식을 잘 보여주는 몇 가지 조사결과가 있다. 2017년 한국민주주의연구소·한국리서치가 실시한 '시민의식 조사 자료'에 따르면, 20대 남성의 성평등 의식은 3040세대 남성보다 더 높거나 비슷한 수준이며, 20대 남녀의 성평등 의식 격차도 다른 세대 남녀에 비해 크지 않다.

〈한겨레〉의 보도에 따르면 2020년 인천대 박선경 교수가 수행한 조사 (《젠더 내 세대격차인가, 세대 내 젠더격차인가?》, 한국정당학회보, 2020) 결과 청년 세대 내에서 여성과 남성 간 이념은 유의미하게 다르지 않았다. 전통적인 가정 내 성역할에 대해서는 청년여성이 가장 강하게 반대하고 있었지만 가부장적 문화에서는 청년 집단 전체가 남녀 차이 없이 부정적 생각을 가지고 있었다고 확인했다. 일부 연구들이 제기하는 청년 세대 내 젠더 격차는 과장됐다는 것이다.

이 조사는 이대남에 대한 낙인이 현실과도 맞지 않고 부당한 것임을 보여준다. '반反페미'라는 이대남들이 이전 세대 어떤 남성들보다 성평등 의식이 강하다는 점, 전통적 성역할에 대한 반대의식이 높을 뿐 아니라 가부장적 문화에 대한 태도에서는 청년여성보다 더 부정적 태도를 나타내고 있음이 확인되기 때문이다. 다수의 연구에서 이러한 사실은 공통적으로 확인할 수 있다.

2019년 2월 대통령직속정책기획위원회가 조사한 바에 따르면 남성의 육아휴직 이용을 보장해야 한다는 의견에 2030

청년 중 여성 97.9, 남성 93.2퍼센트가 찬성했다. 성평등한 가족관에 대한 청년남성의 지지는 매우 높다. 2020년 경기연구원이 리서치뷰의 조사를 토대로 발표한 보고서 〈젠더갈등을 넘어 성평등한 사회로〉에서도 이는 잘 드러난다. 통계청의 사회조사에서 '가사 분담에 대한 견해' 항목을 보면 2008년에는 20대 남성의 44퍼센트만이 '부부가 공평하게 분담'해야 한다고 응답했지만, 2020년에는 20대 남녀 83.4, 86.4퍼센트가 공평한 가사분담을 지지한다.

2030 청년세대 성갈등 완화정책 관련 특집 여론조사 중

Q.
귀하께서는 성역할에 대한 다음 세 가지 중 어떤 역할에 가장 공감하니까?

1. 남성은 경제적 역할, 여성은 육아 및 가사 역할을 맡는 전통적 성역할
2. 성별의 구분 없는 평등적 성역할
3. 여성이 경제적 역할, 남성은 육아 및 가사 역할을 맡는 반전된 성역할
4. 모름/기타

	전통적 성역할	평등적 성역할	반전된 성역할	모름/기타
전체	16.2	75.3	3.3	5.2
남성	16.1	75.4	3.6	4.9
여성	16.2	75.2	3.0	5.6

경기연구원, 〈젠더갈등을 넘어 성평등한 사회로〉, 2020, p21 표에서 일부 발췌

이처럼 성평등한 가족관에 대한 청년남성들의 지지세가 어느 때보다 높은 사실이 지속적으로 확인됐다면 우리 사회의 질문이 달라져야 하는 것이다. 즉 이대남은 왜 페미니즘을 반대하는가? 왜 여성을 혐오하는가? 왜 성평등에 반대하는가? 왜 우경화됐는가?가 아니라, 페미니즘에 문제가 있다는 가설도 제시해야 하고, 성평등이라는 개념에 대한 다른 이해도 확인해야 올바른 해결책을 찾을 수 있다는 이야기이다.

윗세대에 묻고 싶다. 당신들이 차별 없이 평등하게 키웠는데 아들만 괴물이 된다는 사실 자체부터 이상하지 않은가? 교육을 잘못받아 그렇다는 논리를 보자. 아들딸 같은 교육을 받았는데 아들들만 집단적으로 우경화되고 혐오자가 된다는 전제가 합리적이라고 생각하는가? 육아와 교육의 실패라면 왜 스스로에게는 책임을 묻지 않고 아들들에게 손쉬운 낙인을 찍는 것으로 해결하려 하는가? 민주화와 인권을 정착시켰다는 세대의 행동으로는 너무나 비민주적이고 폭력적인 행위가 아닌가?

총여학생회는 다 어디로 갔을까

지금 대학가의 총여학생회는 거의 사라졌다. 여성차별이 존재하던 시대에 존재 의미가 있었지만 이제는 사회가 달라졌기 때문이다. 여학생들에게만 투표권을 준 대학에서도 총여학생회는 투표 결과 폐지됐다. 페미니스트 진영은 이런 상황에 대해 여성혐오가 대학까지 침투했다고 주장한다. 여학생들이 여성혐오에 물들어 총여학생회를 폐지했다는 것인데 폐지에 찬성한 여학생 누구도 그러한 의견에 동의하지는 않을 것이다.

여성 자신도 시대상황에 맞지 않는 과거의 '성평등' 제도에 대해 동의하지 않는다. 청년남성들은 고위직에 여성을 강제할당하는 것에는 반대하지만, 여성의 경력단절을 해결하는 것에 반대하지 않는다. 남성에게도 불이익 없이 육아휴직이 적용된다면 이를 분담할 의지가 충만하다. 뛰어난 여성들의 사회적 성취에 대해 기꺼이 박수를 보낸다.

물론 여러 영역마다 각자 성별이 느끼는 고유한 차별의식이 존재할 수 있다. 고용의 문제를 보더라도 남성은 군입대로 인한 경력의 공백과 도태에 대한 실질적 피해와 두려움이 있고, 여성은 취업난 자체뿐 아니라 군필 남성에 대한 호봉이나 경력인정이 여성에게 불리하다고 여길 수 있다. 이러한 문제는 실질적 보상체계를 가동하고, 실제 차별과 차별감정을 분리해내면서 해결방안을 마련할 수 있다. 해결의 첫걸음은 우선 각 성별의 고유한 두려움을 이해하는 것에서 시작해야 한다.

이 과정이 생략된 채 한쪽 성별에만 극단적 낙인이 계속된다면 세대 간의 불화, 성별 간의 불화는 종식될 수 없다. 그래서 청년남성에 대한 부당한 낙인이 하루빨리 교정되어야 한다. 차별에 반대하고, 평등을 지향하는 청년남성의 본래 모습이 드러나도록 이들의 목소리가 공적인 경로로 계속 나와주기를 바란다. 무엇보다 정치권의 노력이 필요하다.

2

공정사회의 적들

공정하지 않은 할당

20년 전쯤 진보진영 내, 특히 페미니스트 사이에서 당시 박근혜 한나라당 의원에 대한 대선후보 지지여부를 두고 갑론을박이 있었다. 한 페미니스트 여성의 도발적인 제기로 시작된 여성 정치인 박근혜 지지 논란은 진보진영 내(페미니스트 진영의 주류를 포함한) 주류의 비판을 받았다. 이들은 생물학적 여성환원주의는 여성정치가 아니라는 반대논리를 폈다. '독재자의 딸'인 박근혜는 성별만 여성일 뿐 가부장권력의 대리자에 불과하며 여성정치는 그런 게 아니라는 것이다. 성별이 중요한 게 아니라 누가, 어떤 권리를, 제대로 말하는가가 중요하다는 논리였다.

그런데 20년이 지난 오늘, 생물학적 여성이라는 이유만으로 여성정치라 말할 수는 없으며, 여성의 권리 신장와 정치발전은 성별과 무관하다던 페미니스트 진영은 오직 결과로서 성별의 균등을 이루는 게 평등이라며 생물학적 여성할당제를 요구한다. 여성의 숫자가 무조건 많은 것이 여성정치이자 민주주의이며 정치발전이라 주장하고 있다.

심지어 지상파 방송에 출연한 페미니스트 변호사는 할당제가 남성이 차별을 당하는 제도라는 것을 인정한다면서도 사회 전체의 대의를 위해 그 정도 차별은 감내하라는 전체주의적 발언마저 서슴없이 한다.

이러한 주장에서 강경파인 래디컬 페미니스트나 온건파라 불리는 교차성 페미니스트는 다를 바가 없다. 교차성 페미니스트는 지역구 의원 40퍼센트 강제할당을 요구하고, 래디컬 페미니스트는 여경과 남경의 비율을 9:1로 바꾸라고 요구하는 수준의 차이일 뿐이다.

이처럼 단지 여성이라는 생물학적 성별을 기준으로 여성의 이익을 위한 운동을 펴는 곳이 페미니스트 진영인데, 여전히 페미니즘은 좋은 것이며 성평등을 위한 유일한 길이라는 오해에 기반해 지지하는 견해 또한 존재한다. 페미니즘은 과연 사회의 진보에 기여하고 있는가?

2016년 미국의 민주당 대선 후보 경선에서 사회주의자 대통령 바람을 일으켰던 버니 샌더스는 여성의 정치진출에 대해 조언해달라는 요청에 이렇게 답했다.

'나는 여자이니 나를 위해 표를 던져라!' 말하는 것으로는 충분하지 않습니다. 우리가 필요로 하는 것은 월스트리트, 보험 회사, 제약 회사, 화석 연료 산업에 맞설 용기를 가진 여성입니다. … 민주당에서 여러분이 지켜볼 투쟁 중 하나는 민주당이 정체성 정치를 넘어서는지 여부입니다.

한국의 거대 정당인 더불어민주당의 남(윤)인순, 정춘숙, 권인숙, 김상희, 진선미 등 페미니스트 의원들은 여성의원과 단체장을 강제로라도 많아지게 하는 것이 곧 정치의 선진화이며 민주주의라고 주장한다. 그런데 이들이 말하는 여성 정치란 무엇이고, 여성 정치인의 숫자가 늘어나는 것이 곧 민주주의라는 주장은 무엇에 근거하는가? 박근혜와 최순실, 최초의 여성대통령이자 비선실세마저 여성이었던 여인천하의 시대는 여성 정치라는 대의가 무엇인가 묻게 했다. 그러나 어떤 페미니스트도 여성대통령의 실패에 대해 여성정치의 실패라 하지 않는다.

이들은 늘 편의적이다. 진선미 전 여성가족부(이하 여가부) 장관은 할당제가 있어서 자신이 이 자리에 올 수 있었다며 할당제의 필요성을 역설했지만, 그건 페미니스트 진선미 개인의 성취일 뿐 여성들의 성공과 무관하다. 이를 할당제의 성공으로 주장한다면 그녀 포함, 페미니스트 출신 여가부 장관들이 낙제점을 받고 물러난 것에 대해 할당제의 실패를 자인하고 폐지에 동의해야 할 것이다.

그러나 페미니스트 진영은 여성할당제를 통해 수혜를 입은 자가 권력유지에 성공하면 할당제의 성과라 자찬하면서, 실패할 경우에는 할당제의 폐해가 아니라 여성혐오 때문이라 주장한다. 언제나 여성 자신의 책임은 없다. 오히려 더 많은 할당을 요구한다. 이들의 논리는 어떤 상황에서든 여성에게 더 많은 자리를 주어야 한다로 귀결된다. 여성이 큰 문제를 일으킨 상황도 이들에게는 모두 추진력이 되어 돌아온다.

할당제는 폐지되어야 한다

결론부터 말하자면 할당제는 평등을 위해 기능하지 않으며 위헌적인 제도이므로 폐지되어야 한다. 사람들이 상식적으로 생각하는 평등은 무언가를 동등하게 나누고, 동등한 기회를 누리고, 동등한 책임을 지는 것이다. 그러나 할당제 확대를 주장하는 페미니스트 진영은 평등과 차별의 개념을 왜곡한다. 이들은 차별받는 여성의 이익을 끌어올리는 것이 평등이라고 규정한 후 이를 위해 위헌적인 제도들을 시행하라고 요구한다.

국가권력이 자신들이 자의적으로 옳다고 설정한 목적을 위해 특정 국민집단의 기본권을 제한하고 권리를 침해하는 사회를 우리는 전체주의라고 부른다. 특히 국민을 대표하는 정치적 직위의 할당제는 이 영역에 진출하는 남녀의 숫자를 강제적으로 맞추기 위해 입헌민주주의국가의 국민주권원리를 부인하는 위헌적인 제도다. 불평등을 해소하기 위한 적극적 우대조치의 대전제는 '헌법의 틀 안에서, 다른 구성원의 권리를 침해하지 않으면서' 시행해야 한다는 점이다. 다른 구성원의 권리를 침해하는 것이 명백하기 때문에 한시적이라는 전제가 있었다. 그러나 페미니스트 진영은 한시적이라는 전제를 없는 듯이 무시하고, 다른 구성원의 권리를 침해하지 않아야 한다는 대전제 또한 무시한다.

할당제 옹호 논리의 역설

할당제가 태생적으로 지닌 모순은 권리의 단위를 개인이 아닌 집단으로 상정한다는 점이다. 할당제는 특정한 인종, 성별, 지역, 세대와 같은 우연적인 동질성을 기본단위로 하여 배분하지만, 어떠한 기회의 장을 열어 권리를 부여한다고 하더라도 그 수혜의 최종 단위는 결국 개인이다. 그러므로 할당제는 그러한 정체성을 가진 집단 모두의 지위를 상승시키고 기회의 평등을 제공하는 것이 아니라, 해당 정체성집단

안에서도 특정 소수에게만 그 혜택이 돌아간다. 원 기득권 집단(인종적, 성적 다수자) 안에서 어차피 기회의 보장을 받지 못하는 하위집단의 반발과 차별감정을 불러올 수밖에 없다. 그들이 기회의 평등을 주장하며 진입하게 되는 영역에서 기득권 다수자 집단의 하위계층은 애초부터 기득권이 아니었기 때문이다.

할당제의 혜택으로 정치에 입문하는 사람은 애초 정치에 관심이 있는 소수 엘리트 여성과 소수 청년이다. '평일 오후 2시에 여의도 정치판의 회의에 드나들 수 있는 청년'이 얼마나 될까. 진입의 장벽을 제거하는 것과 강제 보정으로 균질한 결과를 만들고 이를 평등이나 차별해소로 주장하는 것은 다르다.

할당제와 같은 적극적 우대조치(또는 적극적 평등실행조치, 적극적 차별시정조치 등)의 특성 중에는 중요하게 '잠정적'이라는 요소가 포함되어 있다. 국가공무원 중 여성비율을 높이기 위해 잠정적 우대조치로 도입된 '여성채용목표제(현 양성평등채용목표제)'에 대해 헌법재판소는 이렇게 정의한다.

잠정적 우대조치라 함은 종래 사회로부터 차별을 받아 온 일정 집단에 대해 그동안의 불이익을 보상하여 주기 위하여 그 집단의 구성원이라는 이유로 취업이나 입학 등의 영역에서 직·간접적으로 이익을 부여하는 조치를 말한다. 잠정적 우대조치의 특징으로는 이러한 정책이 개인의 자격이나 실적보다는 집단의 일원이라는 것을 근거로 하여 혜택을 준다는 점, 기회의 평등보다는 결과의 평등을 추구한다는 점, 항구적 정책이 아니라 구제 목적이 실현되면 종료하는 임시적 조치라는 점 등을 들 수 있다. (헌재 1999. 12.23. 98헌마363)

적극적 우대조치는 한시적으로 시행해 이를 통해 기회의 평등을 최대한 구현해보는 조치로 시작됐다. 헌법재판소 또한 이 조치가 가진 위헌적 한계를 인식하고 있다. 페미니스트 진영은 할당제의 부당함에 대한 비판을 받을 때마다 양성평등채용목표제를 대응논리로 꺼내든다. 할당제의 혜택을 오히려 남성들이 보고 있다는 것이다.

남성과 여성 모두 차별적인 특혜논란을 받을 이유는 없다. 이런 시비가 이는 자체로 할당제는 부당하며, 차별적이고, 갈등을 조장하는 불공정한 제도라는 것을 알 수 있다. 양성평등채용목표제는 2022년에 만료되므로 더 이상 연장 시행하지 않는다면 차별 논란의 소재로 이용되는 일 또한 없을 것이다.

한국사회에서 지금 여성에게 기회의 평등을 차단하는 제

도는 찾아보기 어렵다. 이미 구제목적이 실현되어 시효를 다한 제도에 대해 더 많은 이익을 얻으려는 페미니스트 진영이 계속 개념을 왜곡해 존치와 확대를 주장할 뿐이다. 페미니스트 진영의 논리가 왜 틀렸는지 하나씩 살펴보자.

정치적 직위의 할당제 문제

페미니스트인 더불어민주당의 남(윤)인순 의원이 지역구 국회의원 선거에서 여성을 40퍼센트 강제 할당하는 공직선거법 개정안(의안번호: 2108432)을 발의했다. 비례대표 후보뿐 아니라 지역구 국회의원 후보에 여성 40퍼센트 강제 할당, 시도지사 후보에 여성 및 남성을 각각 1명 이상 추천, 시·군·구의 장 선거에는 선거구 총수의 30퍼센트 이상을 여성으로 추천하도록 노력한다는 내용이다.

페미니스트 진영은 특정 성별이 60퍼센트 이상 차지하는 것을 방지하는 법이므로 여성할당이 아니라 동등참여 보장법이라 주장하지만 이는 기만적 언술에 불과하다. 현재 여성이 지역구 국회의원 선거에 출마하지 못하도록 막는 제도적 장벽은 존재하지 않는다. 동등한 참여는 지금도 보장되어 있다.

정치적 직위에서 여성할당을 주장해 온 페미니스트 진영은 이제 여성할당제라는 말 대신 '동등참여'라는 말을 쓴다. 여성할당제라는 용어가 여성에 대한 특혜, 특권, 차별적 보상이라는 본질을 드러내기 때문에 이를 가리려는 의도에서다. '공무원양성평등채용목표제'도 처음에는 '여성채용목표제'였으나 이름을 바꿔 지금은 마치 양성에게 평등하게 적용되는 제도인 것처럼 오도한다. 그러나 그럴듯한 말로 포장한다 해도 여성할당이 성차별 정책이며 위헌적인 제도라는 점은 가려지지 않는다.

현재 할당제는 국회의원 선거와 지방의원 선거에 비례대표 후보 여성 50퍼센트 의무, 남녀 후보를 홀짝으로 교차(여성이 홀수)시키는 교호순번제, 여성후보 추천이 일정 비율 이상인 정당에게 보조금을 지급하는 제도가 시행 중이다. 페미니스트 진영은 이것으로 부족하다며 지역구에도 여성강제할당을 시행하라고 요구한다. 국가혁명당은 지난 21대 총선에서 지역구 여성후보 30퍼센트 이상을 추천해 여성추천보조금 8억4천여 만원을 받았다. 국가혁명당 허경영 대표는 이를 두고 "우리가 국회의원이 되겠다고 나가는데 나라에서 왜 돈을 주는지 모르겠다"며 예산 가지고 장난하는 예라 지적했다.

할당제의 위헌성

할당제가 왜 국민주권 원리를 침해하는 제도인지는 간단한 가정을 통해 확인할 수 있다. 우선 현행 공직선거법의 할당 조항을 지역구 선거에 적용하는 세 가지 경우를 가정해보자.

가정1

선거를 했다. 선거가 끝난 후 다수득표를 한 자가 남성일 경우 남성은 빼고, 나머지 득표자 가운데 여성을 당선자로 결정한다는 소급적 법률이 제정된다면?

가정2

본 선거 시작 전에 후보들에 대해 투표를 한다. 후보들은 입후보와 선거운동을 다 하게 된다. 그러나 남성을 찍은 표는 결국 무효표로 다뤄진다는 의미의 법률이 사전에 제정되어 시행된다면?

가정3

애초 남성은 입후보를 하지 못하도록 하는 법을 제정한다면?

1안부터 누구라도 말이 안 된다고 생각할 것이다. 그러나 조금 덜 비상식적으로 보이는 2안도 소급입법인가 아닌가 하는 점에서만 다를 뿐, 오로지 성별을 이유로 남성은 뽑지 않는다는 점에서 1안과 같다. 국민주권 침해라는 면에서 1안과 똑같이 위헌적이다. 3안의 경우 애초 입후보를 못하게 함으로써 만일 해당 남성이 출마했다면 표를 얼마나 받았을지 결과를 아예 볼 수 없도록 만든다. 지역구 선거의 공천에서 남성 출마를 몇 퍼센트 이하로 제약하는 것은 3안의 경우에 해당한다.

그런데 2안의 경우 적어도 사전 선거운동과 여론조사 등을 통해 남성이 다수득표자가 되리라는 예견은 충분히 가능할 수 있는데, 3안은 2안의 예측상황이 공적으로 보이지 않도록 출마 자체를 금지하는 제약을 추가한다. 추가 제약을 더했으므로 2안보다 더 강제적인 법안이 되는 것이다. 권리의 침해가 있다는 사실을 아는 것과, 침해의 사실조차 제도적으로 모르도록 하는 경우가 있는데 후자는 더 불의한 침해에 해당한다.

　할당제는 이 가정들이 가진 문제를 복합적으로 담고 있다. 이 세 가지 안 모두 국민주권 원리를 위반하기 때문에 어떤 안이 덜 제약적이고 덜 침해하는 것이냐 하는 논의는 사실 무의미하다.

이미 절반은 무조건 여성의 자리다

현행 비례대표 선거제도를 보자. 유권자들은 정당에 투표를 한다. 각 정당은 당내 민주주의에 의해 후보 목록을 결정해야 한다. 여기서 당내 민주주의라는 의미는 해당 정당이 어떤 식으로 후보를 결정하든 문제 삼을 수 없다는 의미가 아니다.

　정당은 유권자와 입법기관을 연결하는 정치적 중개체로서 사적인 결사체가 아닌 특수한 조직이다. 후보 목록을 정하는 과정 자체가 정당의 틀 안에서 행사하는 국민주권 행사의 방편이며, 정당은 국민의사를 결집하고 형성해서 민주적으로 정치권력을 행사해야 하는 의무를 지닌다.

현행 비례대표 선거는 홀수 번호에 남성은 아예 입후보를 할 수 없도록 하고, 절반은 여성에게 강제 할당된다. 아무리 최고득표를 해도 남성은 1번 자리를 받을 수 없다. 만일 1명만 당선이 예상되는 정당의 경우 오직 남성이라는 이유로 다수득표를 하고도 당선이 되지 못한다.

훨씬 더 많은 득표를 한 남성들 많은 수가 떨어지는 대신, 그보다 적은 득표를 한 여성이 우선해서 국회의원이 될 수 있다. 소속 정당의 이념을 견지하면서 의정활동을 잘할 사람인가를 기준으로 투표했더라면 누가 당선됐을지 결과를 아예 모르도록 제약을 추가한 것이다.

만일 이러한 제약을 어떤 정당이 스스로의 당규에 의해 실행한다면 이는 국민주권주의의 침해에는 해당하지 않는다. 어떠한 정당이 성별을 이유로 능력 있는 사람을 탈락시키는 정책을 채택한다면 이를 바람직하지 않다고 여기는 국민은 지지하지 않을 것이다. 정당은 정강정책으로 경쟁하고 국민들의 선택을 통해 평가받기 때문이다. 그러나 국민주권주의 침해에 해당하지 않는다고 해서 성차별적 제도가 정당의 정책으로 바람직하다는 뜻은 아니다.

할당제의 폐해: 정의당의 사례

정의당은 지난 21대 총선에서 당내 경선 19위와 21위를 차지한 후보가 비례대표 1번과 2번에 배치돼 당선됐다. 당원이 아닌 유권자는 정의당의 후보 가운데 예선에서 상위권에 당선된, 할당제가 없었다면 다수득표로 정당하게 후보가 되었을 정치인을 아예 알지 못한다. 당원조차도 정당하게 선출되었을 후보의 정치적 능력을 경험할 수 없다. 또한 남성 정치인은 성별이라는 요인 때문에 기회의 평등을 보장받지 못한다.

비례할당제는 여성 50퍼센트 배당, 홀수번호 배정, 가점 부여 등의 조치로 정당한 후보가 눈에 보이지 않도록 만든다. 기회의 평등이라는 평등의 원리를 부인한다. 국민주권 원리의 심대한 부인을 그냥 가려놓은 조치인 것이다.

지역구에 40퍼센트 이상 여성 후보 강제 할당을 하는 정책 또한 입후보 단계에서 남성의 도전 기회를 제약한다. 회사에서 사람을 뽑을 때 지원조차 못한 사람은 결과로는 안 보이는 것과 같다. 지역구 강제 할당제는 이런 폐해를 법률로 만들어 국회의원 선출 전체에 적용하고자 하는 제도이다.

사람들이 정치는 특수한 영역이라 생각해서 할당제를 관용적으로 본다. 다른 부분은 몰라도 공직이나 정치는 상징적으로 필요하다고 생각하기 쉽다. 그러나 그러한 상징성을 할당제를 통해 관철하면 국민주권 원리에 따른 대표성을 심각하게 침해할 수밖에 없다. 3천표를 받은 남자후보와 5백표를 받은 여자후보가 있는데, 여성을 우대한다는 원칙에 따라 지역구 당선자를 여성으로 정한다면 이는 국민주권 원리의 침해라는 사실을 부인할 수 없을 것이다. 국민의 의사가 명확하게 드러났음에도 이를 왜곡하는 것은 대의제가 아니라 대의권력의 부당한 전횡이다. 선거로 의사를 결집하는 게 대표성이지, 권력을 가진 엘리트들이 자신들이 대표성이라고 생각한 패턴을 공직 분포에 부과하는 것은 대표성이 아니다.

여성의 대표성이 부족하다는 주장만을 앵무새처럼 반복하는 페미니스트 진영의 요구를 정치권은 철학이나 논리 없이 받아들였다. 헌법재판소도 문제의식 없이 합헌 판결을 내린다. 거대 정당들이 이 문제를 아무런 헌법적 숙고 없이 받아들이는 것은, 정당이라는 국가기관이 아닌 매개체 조직이 국민주권 원리를 제약하고, 왜곡하고, 부인하는 것이다.

페미니스트 진영은 할당제는 불평등을 해결하기 위한 조치이므로 불공정으로 매도해서는 안 된다고 주장한다. 우선 전제한 불평등이 무엇인지를 검토해야 한다. 여성이 공직에 적은 이유가 어떤 차별 때문인가? 이를 해결하기 위해 할당제를 시행했더니 불평등이 해결되었는가?

총선과 지방선거에 여성할당제를 도입한 지 20년이 넘었다. 각 정당의 선출직, 임명직 임원 지명 등에 여성은 할당을 통해 자리를 보장받는다. 이처럼 진입장벽을 제거하고 우대해도 진출이 저조하다면 정치가 여성에게 덜 매력적인 영역이라고 판단하는 것이 합리적 분석이다.

앞서 말했듯 적극적 우대조치가 제정 당시 명분을 일부 가졌던 것은 '한시적'이라는 조건부 시행이었기 때문이다. 차별임을 인정하면서도 한시적으로 하자는 사회적 합의로 시행된 것이지 차별이 아니라는 의미가 아니었다. 그런데 시효 없이 시행하다 보니 이제는 강제할당 주장까지 나온다. 입법으로 시한을 명시하지도 않는다.

페미니스트 진영은 여성의 비율이 적은 원인을 파악하려는 노력조차 없다. 무조건 남녀동수, 40퍼센트 보장 등을 주장하며 입법으로 강제하려 하고, 여성의 진출을 위해 자격이 있는 남성들을 희생시키기도 한다. 이들의 주장에는 논리가 없다. 여성이 절반이므로 여성의원도 절반이어야 한다는 주장은 논리가 아니다. 그런 식의 배분 논리라면 세대별, 지역별, 직업별 대표성 또한 모두 비례해서 배분해야 한다는 논리도 부정할 수 없게 된다.

억압적 문화로 인한 구조적 차별이라는 주장

페미니스트 진영은 제도적 차별이 없으니 문화적 억압을 내세워 구조적 차별이라 주장한다. 그러나 문화적 억압이라는 개념은 추상적이고 막연해서 개선되어야 할 구체적 지점을 명확히 특정하고 집어내지 못한다. 그저 여성할당제를 수사적으로 정당화하기 위해 동원하는 텅 빈 개념에 불과하다.

페미니스트 진영의 이러한 논리는 여성이 정치영역에 관심이 없거나, 정당의 당원으로 가입하지 않거나, 선출직 공무원에 입후보하지 않는 상황을 곧 억압에 따른 결과라 주장하는 것이다. 그렇다면 이 글을 읽는 독자들 가운데 본인이 선출직 공무원이 되기로 결심하지 않거나 이를 실행하지 않는 사람들은 모두 보이지 않는 부당한 억압 때문이라는 결론을 곧바로 도출해야 할 것이다. 과연 그런 사람이 얼마나 될까?

오늘날 여성들의 정치영역 진출을 막는 법제도적인 장애는 없다. 만일 사실적 장애가 있다고 주장하려면, 모두에게 보장되는 권리를 여성은 협박이나 공공연한 압력의 행사로 인해 제약 당한다는 사실을 입증해야 한다. 그러한 협박이나 위해요소가 없다면 이는 선택의 영역에 속한다. 여성이 정치영역에 진출하지 않는 것은 자신의 기질과 여건에 따라 선택한 행위들의 집합적 결과라 보는 게 합리적인 판단이다.

그러나 페미니스트 진영은 자신들이 미리 설정한 비율에 맞지 않는 것은 곧 억압에 따른 구조적 차별이라 주장한다. 지금 선출직 공무원에 진출한 숫자는 남성의 경우도 국민 중

매우 극소수에 불과하다. 나머지 남성 국민들은 모두 억압받고 있다는 결론에 도달해야 하는데 그렇게 주장할 수 있는가? 페미니스트 진영은 사실적 장애나 입증이 가능한 질곡이 있다면 이를 정확하게 특정해서 지적하는 합리적인 발언 법칙을 지켜야 할 것이다.

여성 정치인이 적어서 여성들이 불행한가

마지막으로 질문을 몇 개 던져보자. 여성들이 정치에 진출하는 데에 소극적인 문화가 여성을 불행하게 하는가? 페미니스트 진영의 논리에 따르면 구조적 성차별이 존재한다는 것인데, 그렇다면 정치에 진출하지 못한 여성들은 그러한 차별 때문에 불행하다고 느껴야 할 것이다. 과연 그러한가? 차별이라는 인식을 하지 못해서 불행을 못느낄 수도 있다고 주장한다면, 불행하다고 느끼지 않는 개인들에게 오히려 불행을 강요하는 것이 된다. 타인이 느끼지 않는 감정을 인위적으로 만들어내어 대리할 수는 없다.

다음 질문. 정치영역에 도전하지 않는 여성들의 선택은 모두 비자발적인 것이며 억압의 산물인가? 당연히 그렇지 않다. 그러한 선택 또한 스스로의 판단에 따른 자발적인 삶의 형태라는 사실, 즉 여성의 주체성이 부인되어서는 안 된다. 남성 안에서도 정치에 진출하는 남성은 소수이며 기업의 고

개 준정부기관, 209개 기타공공기관 등 모든 공공기관이 대상이다. 기획재정부(이하 기재부)는 여러 기관에서 민원이 들어왔다는 이유를 내세웠는데 정부기관이 단순히 민원만으로 이러한 지침을 내릴 수는 없다. 기재부는 민원을 제기한 곳이나 민원 내용에 대해서는 밝히지 않으면서 이 제도가 〈남녀고용평등과 일·가정 양립 지원에 관한 법률〉 제10조(교육·배치 및 승진) '사업주는 근로자의 교육·배치 및 승진에서 남녀를 차별하여서는 아니 된다'는 조항을 위반할 소지가 있으니 조속히 정비하라고 지시했다. 여성계는 성평등과 공정성 실현이라며 환영하고 나섰다.

그간 큰 화제가 된 적 없었던 이 사안은 기재부의 전격적인 지침으로 도마에 올랐다. 군복무에 대한 보상이 전무하고, 여성징병 청원이 나흘 만에 20만 명을 넘기는 등 성별 갈등의 뇌관인 군대 문제가 다시 현안으로 부각된 것이다. 많은 질문들이 제기된다. 고용노동부(이하 고용부)와 기재부의 주장처럼 승진시에 군복무 경력을 인정해주는 인사제도는 과연 성차별이며 법 위반일까? 군경력을 일괄 배제한다면 인사제도의 공정함이 달성되는 것일까? 인정되는 다른 경력과 군경력의 차이는 무엇이고, 군경력 배제는 군필자들에게 어떠한 불공정으로도 작용하지 않는 것일까? 군경력에 대한 보상과 공정한 인사는 양립 불가능한 것일까? 기재부와 고용부는 과연 양립 가능한 정책대안을 한 번이라도 고려해봤을까? 기재부 지침의 문제를 하나하나 살펴보자.

기재부의 성차별 주장 뜯어보기

'군경력은 해당 기관과 직접 업무관련성이 없으므로 합리적 승진요건이 아니다, 그러므로 차별이다'라는 게 기재부의 논리다. 그러나 업무관련성 면에서 본다면 기관 외 다른 사회경력은 심사를 통해 인정여부를 결정한다. 그 기관에서 맡은 업무가 아닌 이상 어차피 직접 연관성은 모두 배척되고, 그 외 경력들은 사안마다 평가를 거쳐 인정되므로 군복무 또한 동등한 평가 대상으로서 자격을 갖는다.

인사에서 사회경력이란 이 사회에 협동적으로 기여하는 모든 분야에서의 경력으로 인해 생긴 유·무형의 기량과 지식이 평가대상이다. 그러므로 기업체 또는 다른 공공기관, 지방자치단체 또는 국가에서 2년 근무한 것과, 군대에서 2년 복무한 것은 달리 취급되어야 할 합리적인 이유를 찾기 어렵다. 또한 이 요소는 여성과 남성 모두 자신이 취득 가능했던 경력을 모두 산정해주므로 남성과 여성 사이에 차별이 발생하지 않는다. 남성이 군복무를 한 2년 동안 의무징병이 아니어서 군복무를 하지 않은 여성도 다른 기업체나 공공기관 등에서 근무했다면 당연히 경력이 반영되기 때문이다.

군은 국가의 조직체이므로 군복무는 국가의 조직체에서 근무한 것이다. 이 경력만 배제하면 인생에서 법적으로 가능한 경로를 성실하게 밟은 사람 중 여성은 해당 기관에서 2년 일찍 재직하거나 다른 곳에서 2년 경력을 쌓아 그 평가점수를 획득할 수 있는 반면, 같은 연도에 태어나 법적으로 허용된 경로를 성실하게 밟은 남성은 아예 그 평가점수만큼 쌓을 기회를 박탈당하게 되므로 이는 기계적, 일률적으로 여성에게 유리한 기준이 된다.

그렇다면 군경력만 평가에 산정하지 않는 행위는 오히려 남성에 대한 차별로서 〈근로기준법〉 제6조(균등한 처우), '사용자는 근로자에 대하여 남녀의 성性을 이유로 차별적 대우를 하지 못하고, 국적·신앙 또는 사회적 신분을 이유로 근로조건에 대한 차별적 처우를 하지 못한다'와, 〈남녀고용평등과 일·가정 양립 지원에 관한 법률〉제10조(교육·배치 및 승진) '사업주는 근로자의 교육·배치 및 승진에서 남녀를 차별하여서는 아니 된다'를 위반한다. 남녀고용평등법의 간접차별 법리에 따르면 '그 자체는 중립적인 기준이라고 하더라도 그 기준 자체가 정당한 합리성이 없고 그 기준에 의거할 때 특정 성별만 지배적으로 유리하게 그 기준을 충족시킬 수 있다면 그것은 차별에 해당'한다.

또한 동일한 국가 조직체 근무 경력인데 단지 그것이 군경력이라는 이유만으로 경력에서 배제된다면 이는 헌법 제 39조 제2항 '누구든지 병역의무의 이행으로 인하여 불이익한 처우를 받지 아니한다'는 조항에서의 불이익한 처우에도 해당한다.

문제는 기재부의 법 위반에서 끝나지 않는다. 여성은 사병으로 복무할 기회가 없기 때문에 남녀고용평등법을 준수하기 위해서는 남성의 군경력을 배제해야 한다는 법해석이 이루어졌다면, 승진뿐만 아니라 그보다 더 지속적이고 일상적인 근로조건의 차이인 호봉산정에서 군경력을 반영하는 것 또한 남녀고용평등법 위반이라는 결론도 도출해야 한다. 기재부는 임금산정은 문제가 아니지만 승진은 중복혜택이라 문제라는 입장인데 자신들의 법해석 논리에 따르자면 맞지 않는 주장이다.

이미 군필 포함한 호봉제를 '옛날식 잔재'라며 비판하는 기사가 존재하듯, 진보적인 매체와 여성계는 아직 일부 남아 있는 군필 인정 호봉제 또한 성차별적 임금제도라며 없애려 한다. 군경력을 승진심사에서 배제하는 조치가 남녀고용평등법에 근거해서 정당화된다면, 호봉 산정에서도 군경력을 배제하는 것은 논리적으로 곧바로 다음 수순이 될 것이다. 남성의 군복무에 대한 작은 보상책들은 하나하나 사라지는 중이다.

그러나 이러한 차별논리는 남성이 의무복무를 할 동안 군대를 가지 않은 사람들은 다른 경력을 쌓을 동등한 기회가 있었고, 그 기회를 성실히 활용한 사람이 쌓은 그 경력은 평가에 동등하게 산정될 수 있다는 면에서 틀린 주장이다.

또한 기재부의 이 지침은 근로기준법, 남녀고용평등법, 헌법 위반에 더해 또 다른 문제를 낳는다.

기존 승진자를 문제 삼는다면

군경력을 승진심사에서 다른 사회경력과 동등하게 평가하는 것 자체가 남녀고용평등법 위반이라면 정부가 취해야 할 조치는 앞으로의 경력배제뿐 아니라 현재 그로 인해 승진한 사람들에 대한 시정조치까지 함께 이루어져야 한다. 기재부와 고용부는 그러한 면까지 감안하고 법위반을 말하는 것일까?

남녀고용평등법은 강행법규이다. 강행법규는 위반을 초래하게 된 원인 사실이나 계기가 과거에 벌어졌는가를 묻지 않고 현재 강행법규 위반이 행해지고 있다면 그 자체로 차별시정 대상이 된다. 차별적 근로조건의 근거가 된 취업규칙이나 기관의 규정은 강행법규를 위반한 규칙이므로 무효이기 때문이다. 이 제도가 기재부와 고용부의 주장처럼 법위반이라면 이미 군경력을 인정받아 승진한 사람들은 계급을 강등시켜야 한다.

누군가 기재부와 고용부의 주장을 근거로 이미 시행된 승진에서 자신이 차별을 당했으므로 무효라 주장한다면 어떻게 대응할 것인가? 기재부와 고용부는 이런 문제제기가 현실에서 일어나지 않을 것이라 생각하거나, 이러한 면을 전혀 들여다보지 않은 것으로 추정된다. 만일 이를 고려했다면 지침만 내리고 후폭풍에 대해서는 각 기관이 알아서 처리하라는 무책임한 태도를 보이지는 않았을 것이다.

정부의 정책은 그것을 새롭게 시행했을 때 제기될 여러 문제들까지 과학적으로 예측하고 이에 대한 대처방안까지 가지고 있어야 한다. 그저 금지하고 명령만 내릴 게 아니라 실제 현장에 혼란을 불러오지는 않을지, 특정한 사회 구성원에게 피해를 입히지는 않는지 세심한 설계와 대책이 필요하다. 기재부와 고용부에는 이러한 책임의 태도가 없다.

국가기관의 신경계에 각인된 남성차별

기재부가 성차별을 시정하겠다며 내린 지침에 따라 인사제도를 변경하면 오히려 이 제도가 성차별이면서 헌법 등 법률 위반에 해당하게 된다. 지금이라도 기재부는 지침을 철회하고 대안을 제시해 혼란과 갈등을 봉합해야 한다. 대안이 없는 것은 아니다. 공기업들은 법 위반을 하지 않으면서 시행이 가능한 취업규칙을 마련할 수 있다.

만일 최초 승진자격 요건의 기본이 재직기간 6년이라고

할 때 재직기간을 2년 감축해 4년으로 하면서, 동시에 군경력과 그 외 사회경력을 동등하게 경력점수에 포함하는 대안이 가능하다. 이는 근로기준법, 남녀고용평등법, 그리고 헌법을 위반하지 않는 합리적 제도라 할 수 있다. 군복무 경력을 국가조직체에서 근무한 정당한 사회경력으로 인정한다는 전제를 지킨다면 합리적 대안을 마련할 수 있다. 지금과 같은 기재부의 지침은 군복무 경력을 사회적으로 아무런 의미도 쓸모도 없는 일로 취급하는 것이다.

기재부는 대안을 책임 있게 고려하지 않고 그저 압박을 통해 일방 강제하려 한다. 이러한 지침의 배경에는 남성만 해당하는 의무복무 경력을 고려해 주는 자체가 남녀고용평등법 위반이라는 평면적이고 편향적인 사고가 자리하고 있다. 어떤 사람들이 민원을 제기했는지 밝히지 않고 있지만 아마 민원 제기자들이 여성차별만을 부각해서 요구했을 것이다.

기재부는 목소리 큰 집단의 기세에 휘둘리기만 할 뿐 같은 연령의 남녀가 자신에게 가능했던 인생경로를 성실하게 수행했을 때 차별이 발생하는가를 보지 않았다. 차별을 발생시키지 않는 대안을 찾으려는 노력 또한 하지 않으면서, 법적으로 군복무를 이행할 수밖에 없었던 남성에게 일방적으로 불리한 결과를 의도적으로 초래하고 있다.

기재부의 지침을 거스를 용감한 공기업은 없다. 공기업

의 지침은 민간기업에도 영향을 준다. 정부는 공기업에 대한 압박을 통해 민간기업의 자율영역까지 자연스레 지배하려 한다. 국가가 불공정한 이념을 정책의 지향이자 근거로 삼을 때 나타날 수 있는 나쁜 결과를 오늘 한국사회가 집약해서 보여준다.

마지막 남은, 그것도 공기업과 사기업 일부에만 시행하고 있는 유일한 군경력 보상책마저 없애려고 하는 것은 왜일까? 정부는 왜 이렇게까지 하는 것일까? 국가기관이 이처럼 불합리한 사고에 빠져 있는 것은 군복무 자체에 대한 고려와 존중이 없기 때문이고, 활용가능한 기회의 동등성이라는 실질적인 근거는 고려하지 않고 그저 여성에 대한 차별이라는, 현시대에 만연한 잘못된 자유연상에 잠식당해 있기 때문이다. 애초 한 성별만 일방적으로 강제징집하는 현실은 차별로 인식하지 않고, 여성 관점에서만 성차별을 인식하는 이 근원적으로 잘못된 차별기준이 국가기관의 신경계에 각인되어 있는 한, 군복무에 대해 그나마 존재하던 가느다란 보상책은 곧 흔적마저 사라질 것이다.

4·7재보궐 선거로 2030 남성들이 현 정부에 등을 돌린 사실이 드러나자 군가산점제 부활이나 군복무 보상 방안들이 산발적으로 제기됐다. 그러자 여성계와 진보 진영은 이를 비난하고 나섰다. 군가산점제는 다른 사회구성원의 몫을 빼

앗는 약탈적 행위라는 비난까지 나왔다. 이들은 장애인이나 다른 빈곤계층의 몫을 빼앗는 여성가산점제에 대해서는 같은 비난을 퍼붓지 않는다. 명백하게 희생을 한 개인들에 대해서는 보상책을 제시하지 않고 오히려 빼앗으면서, 희생의 당사자가 아닌 여성집단 자체에게 주어지는 가산점은 차별 시정을 위한 정당한 제도라고 주장한다. 이들에게 성차별이란 오직 여성에 대한 차별만이 해당된다.

기재부는 승진시 군 경력 포함마저 배제하는 지침에 남성들의 저항을 접하자 "군경력자에 대한 합리적 우대까지 폐지하라는 것은 아니"라고 변명한다.

기재부에 묻고 싶다.

지금 한국사회가 국가를 위해 자유를 희생한 군인들에게 해주고 있는 '합리적 우대'가 있기는 한가?

공정하지 않은 채용

공무원 양성평등 채용목표제 폐지

20대 대선 당시 더불어민주당 이재명 후보는 "여성을 위한 할당제는 거의 없다. 성할당제로 실제 혜택은 남성이 보는데 남성들이 오히려 피해 본다고 생각한다"고 말했다. 그러한 주장이 정치권에서 처음 나온 것은 아니었다. 할당제의 정당성과 실효성에 대한 의문이 제기될 때마다 이를 옹호하기 위해 다양하게 변주된 대응이 있었다. 특히 민주당 인사들, 페미니스트 진영 언론, 여성계에서는 반복적으로 다음과 같이 말해왔다.

'여성할당제는 없다', '민주당 정부가 여성에게만 혜택을 준 정책은 없다', '공무원 할당제로 오히려 남성들이 이득을 얻고 있다', '청년남성들이 오해를 하고 있다'.

'공무원양성평등채용목표제'는 남성들이 오히려 할당제의 혜택을 본다는 근거로 유일하게 인용되는 제도다. 이 제도는 1996년 첫 시행 후 각 정부마다 수차례 연장을 통해 존속되었고, 현재 시행령에 따르면 2022년 12월 31일에 만료된다. 더 이상 연장시키지 않는다면 남성에게 부당한 혜택이 돌아가는 일은 없게 될 것이다. 이 제도는 남성들이 요구해서 만들어진 것이 아니고 남성을 위해 이 제도를 존속시키라고 요구하지도 않는다. 기회의 평등과 절차적 정당성을 보장하는 것이 국가의 역할이며, 누구에게나 공정하게 열린 기회의 장에서 탈락한다면 그 결과는 수용해야 한다는 게 할당제 폐지론자들의 입장이다.

다만 편향적인 여성혜택 제도는 옹호하면서 남성이 혜택을 본다는 반론을 만들기 위해 이 제도를 이용하는 이들의 비윤리적 행위는 지적하지 않을 수 없다. 이들은 '공무원양성평등채용목표제'라는 한 가지 사례를 반복적으로 언급하여 '할당제의 실제 수혜자는 남성인데 사실관계도 모르면서 여성들이 특혜를 받는다는 억지주장을 펴는 남자들'이라는 부정적 인간상을 한 성별집단에 부여한다.

남성들의 할당제 폐지주장이 과연 오해와 억지에 기반한 것일까? 폐지하면 오히려 자신들이 손해인 것도 모르는 바보 같은 주장일까? 할당제를 폐지하라는 요구는 정부가 기회의 평등을 보장하는 역할을 넘어 강제보정을 통해 결과의 평등을 공정이라 주장하는 것에 대한 반발이다.

남성들은 어떠한 성별에 대한 것이든 특혜가 아닌 공정을 원한다.(예를 들어 여자만 군대가라고 하지 않고 같이 가자고 하거나, 여자만 데이트 비용을 내라고 하지 않고 같이 내자고 하는 주장들에서 보듯) 그러나 이들의 요구는 극우화나 여성혐오라며 계속 왜곡과 묵살을 당해왔다.

양성평등채용목표제는 원래 여성공무원 임용비율을 높이기 위해 시행한 여성할당제도였다. 여성특혜, 남성역차별 문제 등이 제기되면서 성할당제로 바뀌었고, 여성합격률이 높아지면서 오히려 남성 추가합격자가 여성보다 많아진 상황으로 변했다. 그러나 7급 이상의 고위직으로 갈수록 여성의 수혜비율은 여전히 높다. 여성에 대한 차별적인 특혜정책들이 존재함에도 잘 모르고 하는 주장이라거나, 민주당 정부가 시행한 게 아니라 전임 정권에서, 혹은 사법부에서 하는 것이라는 변명은 무책임할 뿐 아니라 국민을 무시하는 태도에서 나온다.

할당제는 그 자체로 차별적 제도임을 인정하면서도 국가가 필요성을 인정하여 임의적 한시적 조치임을 전제로 시행하는 제도다. 20년 넘도록 시행한 결과 일부 기득권 여성들의 권력획득 외에 정치발전, 사회발전에 기여했다는 사실이 입증된 바 없다. 오히려 사회갈등 요인으로 계속 작동하고 있는 상황이다. 정부운영에 책임 있는 사람이라면 남성만 강제징집되는 징병제 하나만으로도 남성이 수혜를 입고 있다는 말을 쉽게 입에 올릴 수 없을 것이다. 추가합격을 통해 성비를 강제 보정하는 공무원양성평등채용목표제 또한 합리성을 갖는다고 보기는 어렵다. 이 제도의 운영근거인 시행령은 2022년 12월 31일자로 만료된다. 정부가 이 시행령을 더 이상 연장하지 않는다면, 여성계의 주장처럼 남성이 더 많은 이득을 보는 차별적 제도가 시정되는 것이고, 정부의 위헌행위도 바로잡는 일이 된다.

할당제는 본질적으로 성별의 문제가 아니라 공정과 정의의 문제다.

3

내로남불과 이중잣대

이루다와 알페스
: 적나라하게 드러난 이중잣대

알페스라는 낯선 단어가 잠시 화제였던 일이 있다. 알페스 RPS란 실존하는 남성 연예인 등을 성적 표현의 소재로 삼은 표현물과 그 행위를 말한다. 주로 어리거나 젊은 여성들이 아이돌 멤버를 대상으로 알페스를 창작하고 소비한다. 알페스 논란과 비슷한 시기에 인공지능 챗봇인 '이루다' 사태가 있었다. 한 스타트업 업체가 개발한 인공지능 챗봇 이루다는 젊은 여성의 말투와 대화 패턴을 입력해 20대 여성과 대화하는 가상현실을 제공했다.

이루다가 얼마나 진짜 '사람'처럼 대화할 수 있는지 테스트해보는 데에는 당연히 성적 대화가 빠질 수 없었다. 20대 성인여성을 형상화한 이루다에게 성적으로 짓궂은 질문을 던지는 유저가 있으리라는 것은 당연하게 예상할 수 있는 일이다. 이는 젊은 남성 챗봇이 나타났어도 마찬가지였을 것이다. 얼마나 '사람에 가까운가'를 판단하는 데 성性이라는 요소를 빼놓고 말할 수는 없기 때문이다. 업체에서도 이를 예상하고 성적 언어를 필터링하였으나 우회적으로 발언을 유도하는 유저들이 존재했고, 이루다의 예측 불가능한 답변은 점점 더 화제가 됐다. 이루다는 성적 발언 외에 성소수자나, 독도, 파시즘 같은 이슈에 대해서도 부적절하게 여겨지는 답변을 하기도 했다.

이루다는 성착취?

이루다가 단기간에 인기를 끌면서 화제가 되자 성희롱 논란이 일었다. 페미니스트 진영은 여성에 대한 성착취 문화의 연장이라며 다소 극단적인 비난을 했다. 연합뉴스 보도에 따르면 이들은 이루다에 대한 이용자들의 성적 대화 시도를 "AI까지 성적으로 착취하려고 시도하는 것"이라 규정했다. 이들의 비판은 성폭력 전문가라는 권위로 포장돼 다수 매체에 인용되었는데, 페미니스트에게 왜 성폭력 전문가라는 타이틀이 부여되는지 이해할 수 없다. 성폭력 반대자와 전문가는 다르다. 이들은 그저 페미니즘의 논리에 따라 여하한 성적 대화를 모두 성희롱, 성폭력, 성상품화, 남성들의 성착취 등 가장 극단적 형태의 악으로 규정하는 데 익숙하다. 어떠한 상황도 '가부장제 하 남성 지배적 성문화'라는 그럴듯한 말로 규정하면 그만이다. 권리논증같은 것은 없다.

페미니스트 손희정은 "왜 AI 챗봇을 소위 말하는 귀여움과 섹시함을 모두 갖춘 20세 여성의 이미지로 만들었는지를 비판적으로 볼 필요가 있다"고 했다. AI 챗봇은 비단 여성으로만 만들어지지 않는다. 현존하는 인공지능 챗봇에는 여성, 남성 모두 존재한다. 다양한 유형의 내비게이션 내레이터가 존재하듯 더 다양해질 것이다. 또한 친근함, 상냥함, 귀여움 같은 요소는 인간이 대화를 나누기에 가장 불편함이 덜하고 호감을 일으키는 요인이다. 이루다에게 시도된 많은 영역의 질문과 대화 가운데 유독 성적인 부분을 부각해 성착취, 성상품화와 같은 부정적 이미지로 만든 것은 페미니스트 진영이다.

이들은 인공지능 챗봇에 대한 인간의 행위가 실제 여성과의 관계에도 영향을 미칠 것이라 주장한다. 리얼돌 이용이 곧 강간으로 이어진다는 페미니즘 진영의 논리를 인공지능 챗봇에도 똑같이 적용한 것이다. 이 논리에 따르면 남성이라는 존재는 범죄와 범죄 아닌 것을 구분하지 못하고, 가상의 대상과 실제 인간에 대한 분별력이 없으며, 사회적 규범을 인지하고 수행하는 판단력이 없는 존재로 취급된다. 실체와 감정이 없는 인공지능에게 어떻게 성희롱이 성립될 수 있는가라는 비판은 남성에 대한 이러한 공세 앞에 아무런 힘을 쓰지 못했다.

페미니스트 진영은 "이성애 중심의 남성 판타지에 잘 맞는, 상냥하고 순종적인 여성상을 챗봇 대화 모델로 삼았다"고 비판했지만, 이들이 간과한 것은 이루다의 답변은 현실의 연인들이 나눈 '실제' 대화를 수집해 데이터화 했다는 사실이다. 즉 실제 여성들이 현실에서 쓰는 언어, 대화 양태, 태도, 말투들을 기반으로 만들어진 상품이라는 것이다. SNL이라는 예능프로그램에서 주현영 배우가 극중 '주기자'로 분해 20대 여성 취준생을 연기했을 때에도 대중들은—심지어 20대 여성 자신들도—현실의 모습을 너무나 잘 포착했다며 감탄했지만, 페미니스트 진영은 어린 여성을 미숙하고 대처능력이 부족한 캐릭터로 희화화했다며 불편해했다.

20대 여성은 당연히 미숙하다. 누구라도 그 나이에는 미숙하며 이를 표현하는 것은 비난이나 낙인이 아니다. 또한 연인 앞에서는 누구나 상냥하고 사랑스러운 태도로 말하려 노력한다. 페미니스트 진영은 이러한 표현을 모두 남성지배문화가 만들어낸 왜곡된 여성상이며 남성들의 성적 판타지의 상품화라고 비판하지만, 정작 자신들이야말로 현실의 여성을 도외시한 채 페미니즘이라는 이념 속 여성상을 강제하는 것이다.

반면, 비슷한 시기 여성들이 실제 존재하는 유명 남성들을 대상으로 한 강도 높은 성적 표현물인 알페스에 대해 페미니스트 진영이 보인 대응은 이들의 자의적인 이중잣대를 적나라하게 드러내는 사례가 됐다.

알페스는 표현의 자유?

이루다는 성희롱, 부적절 발언, 개인정보 유출 논란으로 결국 출시 20일 만에 서비스를 중단했다. 개발사에는 개인정보보호의무를 위반한 혐의로 1억 원이 넘는 과징금까지 부과됐다.

　이루다 사태는 이렇게 막을 내렸지만 이중잣대에 대한 분노는 알페스 대 딥페이크라는 전선으로 다시 만들어졌다. 이루다가 논란이던 시기 '미성년 남자 아이돌을 성적 노리개로 삼는 알페스 이용자들을 강력히 처벌해달라'는 청와대 국민청원이 20만 명을 넘겼다. 맞불 성격의 청원인 '여성 연예인들을 고통받게 하는 불법영상 '딥페이크'를 강력히 처벌해달라'는 청원도 하루만에 20만 명을 넘어섰다.

　여성들이 남성 연예인 등을 상대로 성희롱의 수준을 넘어선 범죄행위를 하고 있었다는 현실이 수면 위로 등장하자, 페미니스트 평론가와 학자들이 여성의 행위는 성범죄가 아니라는 옹호 논리를 펴고 나섰다. 바로 얼마 전까지 이루다라는 가상의 존재에도 성희롱과 성폭력 가해가 성립할 수 있다고 주장했는데, 실제 존재하는 남성 연예인을 대상으로 한 강도 높은 음성, 영상 딥페이크와 동성애 포르노물에 대해서는 표현의 자유를 주장한 것이다. 행위의 강도로 보면 알페스의 수위는 이루다와 비교할 수 없을 만큼 높다. 일부 여성들은 이를 유통시켜 영리행위까지 했다. 남성 연예인이나 소속사에게 허락을 받은 경우는 없었다.

그런데 페미니스트 진영은 이를 어떻게 옹호했을까?

여성팬이 남성 아이돌을 실제 강간할 가능성은 없다 / 이들 사이에는 착취구조가 존재하지 않으므로 문제 없다 / 기획사도 인기를 위해 활용하는 문화다 / 아이돌에 대한 숭배와 경외이지 지배와 착취가 목적이 아니다 / (여성) 딥페이크가 더 문제다 / 텍스트인 소설에 대해서는 처벌할 수 없다 / 표현의 자유는 보장되어야 한다.

페미니스트 평론가와 기자, 학자들은 위와 같이 일방적으로 알페스 옹호 논리를 폈다. 남성 아이돌을 등장시킨 게이 포르노 소설뿐 아니라 섹테(남성 아이돌의 음성을 조립해 음성 음란물로 만드는 행위)와 같은 합성 음란물 제조행위는 그간 페미니스트 진영이 주장하던 기준으로 볼 때 성폭력이며 성범죄에 해당한다. 엄격하게 실정법을 적용해 본다면 초상권 침해, 아청법 위반, 성폭력특별법에 따른 디지털 성범죄에 해당할 수 있으며, 섹테와 알페스 유통 영리행위는 실정법으로도 처벌받을 수 있다. 만일 남성 아이돌 당사자가 고소한다면 처벌 가능성 또한 높았다. 알페스는 팬덤 현상의 하나이며 하위문화의 한 장르로 존재해온 게 사실이다. 만일 페미니스트 진영이 이루다 사태 등에서 성희롱이나 성범죄에 대한 이중잣대 논리로 남성들을 범죄자 취급하지 않았다면 공론화의 대상까지는 되지 않았을 가능성이 크다.

검열사회를 향한 치킨게임

알페스가 문제가 되자 여성커뮤니티는 딥페이크로 맞불 청원을 넣고, n번방 사태를 들고 나왔다. n번방과 딥페이크는 실정법상 처벌이 되는 행위이므로 알페스에 대한 맞불로는 적절하지 않은 사례였다. 남성들은 n번방 범죄자들과 불법 딥페이크 처벌에 반대한 일이 없다. 다만 n번방 사태 때 성착취에 분노하고, 이루다 사태 때 가상 존재에 대한 성희롱에도 분노하던 동일한 기준을 알페스 사태에도 적용하라는 요구를 한 것이다. 평소 문제의식 없이 알페스를 공유하고 소비하다가 이루다에게는 존재를 이전해 남성 일반을 가해자라며 낙인찍고 분노하는 여성들의 내로남불 행위에 대한 반발심이 켜켜이 쌓여 터진 것이다.

딥페이크에 대한 처벌이 더딘 데에는 주로 해외 포르노

사이트에서 벌어지는 일이라 수사와 검거가 어려운 현실적 이유가 있었다. 그러나 수사기법도 발달하고 국제공조 등을 통해 온라인 상의 성범죄를 소탕하겠다는 정부의 의지 또한 확고하다. 알페스와 같은 여성들의 하위문화에 관심두지 말고 딥페이크나 n번방 같은 범죄나 소탕하라는 여성들의 주장은 초점이 어긋난 것이었다.

여성은 언제나 피해자, 남성은 언제나 가해자라는 페미니스트 진영의 논리 안에서 여성의 인간화는 실현될 수 없다. 이들은 언제나 '여성도 인간이다!'라고 소리를 높인다. 그러나 여성도 인간이라는 주장은 '여성도 성추행을 하며, 범죄를 저지르고, 옳지 않은 일을 행한다'는 사실 또한 인정해야 완결된다. 여성은 악하다는 의미가 아니라 여성도 인간이므로 인간의 선하거나 악한 속성을 모두 가졌다는 사실에 대한 인정이 필요하다는 이야기다. 여성도 남성처럼 성적 욕망과 호기심을 가졌고 그러한 욕망이 성적 표현물을 창작하거나 소비하는 행위로 발현된다. 그러므로 한 성별에게만 비난과 규제가 집중되는 사회는 공정하지 않다.

이루다와 알페스 사태를 거치면서 남성들은 다시 한번 페미니스트 진영의 내로남불과 모순을 확인했다. 알페스 사태는 결국 일부 여성들의 범죄혐의가 인정돼 기소되는 상황으로 이어졌다. 국민의힘 의원들이 운영하는 청년문제해결사

'요즘것들 연구소'는 2021년 1월, 알페스와 섹테 등을 미성년 아이돌 성착취물로 규정하고 실태를 고발하는 토론회를 열었다. 인권침해와 범죄의 관점에서 알페스가 공론의 장에 오른 것이다. 수백 건의 제보가 쏟아졌는데 변태적인 하드코어 포르노물인 알페스의 실상을 확인하고 연구소의 의원들도 많이 놀랐다고 한다. 표현의 자유 침해 문제에 대해 하태경 의원은 '알페스를 만들어 개인이 즐기는 건 막을 수 없다 해도 상업적 목적으로 이용하는 행위는 성착취물에 대한 반포행위로 규제해야 한다'는 입장을 밝혔다. 연구소는 제보된 사건들 중 관련자 110여 명을 수사 의뢰했다. 연구소는 이를 젠더문제로 바라보는 것을 경계했다.

필자는 알페스 사태 때 공정하지 않은 현실을 드러내는 점은 바람직하지만 관련법의 개정으로 표현의 자유가 위축되는 사태가 우려됐다. 특히 성적 영역에서 표현의 자유는 성범죄와 연동되어 계속 규제 일변도로 위축되어 왔다. 〈아동·청소년의 성보호에 관한 법률〉(아청법)의 개정과정이 대표적이다. 아동과 청소년의 성을 보호하기 위해 만들어진 이 법은 처음에는 "아동·청소년"이 등장하여 성적 행위를 하는 내용을 표현하는 것을 처벌했으나, 2011년 개정을 통해 "아동·청소년 또는 아동·청소년으로 인식될 수 있는" 사람이나 표현물이 등장하여 성적 행위를 하는 내용을 표현하는 것으로 처벌 범위가 확대되었다. 이러한 내용으로 법이 개정된 후 불과 1년 만에 아청법 위반 사건은 100건에서 2,224건으로 무려 22배가 증가했다. 만화, 애니메이션, 또는 성인배우가 교복을 입고 연기하는 표현물도 아동음란물로 단속했기 때문이다. 그러자 다시 "아동·청소년 또는 아동·청소년으로 '명백하게' 인식될 수 있는 사람이나 표현물이 등장"하는 것으로 '명백하게'라는 조항이 추가됐다. 그러나 여전히 가상의 아동음란물에 대한 처벌은 계속되고 있어 아청법의 위헌 논란은 진행형이다.

실제 아동이 등장하는 음란물에 대한 강력한 처벌은 누구라도 지지할 것이다. 그러나 표현물에 대한 처벌은 피해자가 없는 상황이므로 실제 아동에게 피해를 입힌 성범죄와는 다르게 취급되어야 한다는 주장은 아동성범죄라는 거역하기 힘든 사안 앞에서 힘을 잃는다. 그런데 현존하는 남성 스타들로 피해자가 특정되는 실제 알페스의 처벌에 대해 여가부와 법무부는 현행법상 모호한 점을 들어 부정적인 태도를 보였다. 평소 성적 표현물, 성착취, 성범죄에 대해 강경한 입장을 보였던 여가부의 태도는 뜻밖이었다. 알페스를 창작하고 유통하고 소비하는 사람들이 대부분 여성이라는 점, 페미니스트 진영에서 알페스를 옹호하고 나선 점에서 처벌에 소극적이지 않은가 하는 의구심이 들 수밖에 없는 대응이었다. 알페스 사태 토론회에 발제자로 참여한 문화평론가 박박사는 다음과 같은 해결책을 제안했다.

어느 사회든 윤리적, 법적 기준을 넘나들며 아슬아슬한 줄타기를 하는 하위문화Subculture 는 존재한다. 그 현상 안에서 불쾌한 일이 벌어지기도 하고, 그 불쾌함을 제도로 억압하려는 시도는 늘 있어왔다. 그러나 그 경계에 놓인 불쾌함이 새로운 문화를 태동시키고 또 다른 변화를 추동하는 동력이 되기도 한다. 알페스를 둘러싼 논쟁에서 옹호하는 측의 주장 (하위 문화로서 어느 정도 용인되어야 한다는)에도 일리는 있다. 그러나 그동안 남성들의 하위문화를 하나하나 쫓아다니며 성범죄라며 손가락질하고 규제와 처벌을 요구하던 논리를 그대로 적용하자면, 알페스 또한 성범죄임을 부정할 수는 없다. 반박을 하는 것은 좋지만 최소한 그 논리를 공평하게 적용은 해야 할 것 아닌가? 우리에게 필요한 것은 불쾌함에 대해 서로 어디까지 용인해 줄 것인지에 대한 '신사협정'이지 경우에 따라 다르게 적용되는 일방적인 '엄격함'이 아니다.

성별갈등은 문화의 영역에서 가장 첨예하게 대립하는 중이다. 안타깝게도 상상력, 기발함, 세련됨에서 상대보다 우위에 서려는 긍정적 대결이 아니다. 서로가 서로를 더 강하게 규제하고 처벌해달라며 모두의 표현의 자유를 위축시키는 양상으로 흐른다. 검열사회를 향한 치킨게임, 그 끝은 문화적 퇴행과 감시사회의 도래이다.

젠더 프레임의 민낯

2022년 대선에서 정의당의 심상정 후보는 2.3퍼센트 득표라는 초라한 성적표를 받았다. 이전 대선에서 받은 지지율의 3분의 1정도밖에 안 되는 실패다. 정의당은 그동안 노동자와 서민의 권리를 최우선으로 하는 진보정당으로 규정됐으나 페미니즘 바람이 불면서 노동자 정당에서 페미니즘과 PC주의 정당으로 정체성을 바꿨다. 이러한 흐름은 류호정과 장혜영이라는 젊은 여성들을 비례대표로 선출하면서 정착됐다. 여성할당과 청년할당으로 가산점을 부여받은 두 여성정치인은 정의당의 새로운 상징이 됐다. 페미니스트 진영은 일제히 이들의 등장을 환영하며 전폭적인 지지를 보냈다.

이런 가운데 류호정 의원의 비서 부당해고 사건과, 강민진 청년정의당 대표의 갑질 사태 폭로 사태가 터졌다. 이 사건은 진보 진영의 구 정체성과 신 정체성 사이의 혼란을 보여준다. 류호정 의원은 스스로 해고노동자임을 내세워 일하는 사람들의 정당인 정의당의 정체성을 대변하는 비례대표 1번으로 당선됐다. 그러나 원내 입성한 지 1년도 안 된 시점에서 부당해고와 갑질을 자행한 '사용자'로 폭로되어 논란의 중심에 섰다. 류 의원은 국회의원 비서는 법적으로 근로기준법 적용대상이 아니므로 부당해고 사건이 아니며, 평소 해당 비서가 얼마나 불성실한 노동자였는지를 세세하게 발표했다. 노동문제 폭로자에 대한 정의당의 태도는 성범죄에서 보였던 단호한 피해자 보호 태도와는 달랐다. 비서 A씨는 김종철 전 대표 성추행 사건에서는 '피해자 중심주의'를 외쳤던 당이 노동성을 침잠당한 사건에서는 피해자 중심주의를 외면한다며 비판했다. 언론은 어땠을까?

'류호정 원피스' 보도의 민낯

〈경향신문〉은 2020년 8월 류호정 의원이 원피스를 입고 국회에 등원해 화제가 되자 1면에 그녀의 사진을 배치하고 이런 제목을 달았다. "'류호정 원피스' 비난서 드러난 남성. 기득권 정치현실의 민낯".〈한겨레〉또한 1면에 류호정 의원의 사진을 배치하고 "'양복으로 세운' 50대 남성의 국회, 류호정 '원피스'가 깼다"고 실었다.

이들은 류호정 의원이 원피스를 입고 등원한 일이 한국사회에 엄청난 파장을 일으킨 듯 의미를 부여했다. 그러나 과한 보도태도와 달리 50대, 남성, 기득권 국회의원 중 누구도 류호정 의원의 원피스에 대해 부정적인 반응을 보인 사람은 없었다. 이를 제재해야 한다는 의견 또한 없었다. 오히려 남성들은 젊은 여성에 대한 부정적 언급이나 평가를 조심스러워하고, 여성의원 일부만 권위를 깬 행위로 지지하는 등 시대의 변화상을 보여주었다. 이들 진보매체가 말한 비난은 일부 가십성 기사와 그에 딸린 부적절한 댓글들을 부각해 큰 비난을 받은 듯 과장한 면이 있다. 때와 장소에 맞는 적절한 복장인가 하는 지적까지 모두 비난과 성차별 카테고리로 넣어 여성혐오 프레임으로 만들려는 의도 또한 보였다.

다른 진영의 극렬 지지자들이 펴는 댓글 공세나 온라인 댓글문화의 선정성은 '기득권 국회'라는 프레임으로 끼워맞추기에는 적절하지 않았다. 또한 국회라는 장소와 의원이라는 지위에서 적절한 행위였는가 하는 문제제기는 여성혐오라고 할 수 없다. 과거 유시민 전 정관이 국회에 캐주얼한 차림으로 등원했을 때에도 이러한 문제제기는 똑같이 있었다. 그런데도 친 페미니즘 매체들은 핍박받는 여성 대 기득권 남성으로 평면적인 구도를 만들어 여성문제로 키웠다. 매체의 기자들이 페미니즘 조류에 동참하다 보니 통제를 벗어난 헤프닝이 일어나기도 했다. 〈경향신문〉 페이스북 공식계정은 "왜 안돼, 왜안돼, 왜안돼왜안돼왜안돼왜안돼! 대체 안되는 게 왜 그리 많아! 류의원이 정말 큰 일을 해냈다고 생각한다. 류호정 짱!!"이라고 썼다가 지우는 사고를 쳤다. 페이스북 담당 기자의 실수였다고 한다.

젊은 페미니스트 여성의원의 행위에 과도한 의미부여를 하며 극찬하던 〈한겨레〉와 〈경향신문〉은 바로 그 여성들이 부당해고와 갑질의 당사자로 떠오르자 소극적인 보도로 일관한다. 대중들은 다른 사안도 아닌 해고 문제로 논란이 된 류호정 의원과 정의당에 대해 큰 실망과 질타를 표했지만 〈한겨레〉와 〈경향신문〉은 사태 초기 모르쇠로 일관했다. 강민진 대표의 사건도 건조한 보도태도를 유지했다. 내 '편'의 허물은 덮어주고 싶은 게 인지상정이나 여성의원으로서 상찬할 때와는 극명하게 다른 태도를 보면, 불편부당보다는 진영논리와 페미니즘 옹호에 빠진 진보매체의 현실을 볼 수 있었다.

〈한겨레〉는 류호정 의원의 부당해고 사건이 보도되기 시작한 1월 29일에는 기사로 다루지 않다가 통신사의 뉴스를 받아 싣는다. 그러다 돌연 '여성 의원에 대한 편견'을 들고 나온다. 〈한겨레〉는 2월 1일자 기사에서 정의당 사태가 꼬인 데 대한 분석을 시도한다며 "젊은 여성의원에 대한 편견, 그대는 자유로운가?"라는 질문으로 사태를 성차별 공세로 전환하려 한다. 서영지 기자가 쓴 기사의 본문에는 정작 이러한 질문을 던질만한 분석내용이 없었다. 말 그대로 뜬금없는 공세였다.

2월 4일에는 "류호정 '비서 면직' 논란에 정면 대응, 법적 고소·당기위 제소키로" 기사를 통해 류의원 측의 입장문 전문을 게재하며 분량 대부분을 류의원 입장에 할애한다. 해고를 다투는 사안에서 그간 〈한겨레〉가 보여온 노동자 중심의 기사와는 사뭇 다른 풍경이었다.

〈경향신문〉은 야권에서 나온 비난성명을 인용보도 하거나, 해고라는 표현이 부적절하다는 정의당 강은미 대표의 말을 인용보도했다. 해고라는 노동문제가 쟁점이지만 부당해고를 주장하는 비서측의 입장은 보도하지 않았다. 류호정 의원측의 입장에 힘을 실어주는 태도였다. 류의원의 원피스 해프닝에 대해 사설과 기사를 동원해 의미를 부여해주던 것과 비교가 되는 모습이었다. 2020년 8월, 〈경향신문〉은 류호정 의원의 원피스 차림에 대해 "원피스 한 장으로 우리 정치의 구태의연함과 여성에 대한 사회적 시선, 청년 정치인에 대한 편견이 모두 수면 위로 떠오르게 됐다"고 찬사를 바쳤다.

그러나 이들 진보매체가 적극 밀어주던 '젊은, 여성, 페미니스트' 정치인들은 부당해고와 갑질을 자행한 사용자로 떠올랐다. 새로운 꼰대, 젊은 권위주의자라는 조롱을 받는 상황

에서도 오히려 '비겁한 정치공작에 놀아나지 않겠다'고 선언
하는 모습은 그간 그들이 비난해온 사용자의 대응 모습에 가
까웠다. 진보매체에게는 당혹스러울 장면들이었다.

류호정 의원과 비서 사이의 해고 논란은 정의당의 당기위
원회가 둘 모두에게 징계를 내리는 것으로 마무리됐다. 강민
진 대표의 갑질의혹은 진상조사위를 구성해 조사하겠다고
한다. 이러한 전개를 지켜보는 진보매체의 당혹스러움을 이
해 못할 바는 아니다. 그러나 류호정 의원과 진보매체 모두
페미니즘에 몰입한 탓에 작은 행위에 과도하게 의미를 부여
하고, 모든 사안을 성차별이라 주장하며 50대 남성, 기득권
국회가 류의원을 억압한 양 허수아비 때리기 구도를 만들어
온 이력이 있기에 민망한 보도였다.

조국 전 장관 사태 때 〈한겨레〉의 젊은 기자들은 자사의 편
향 보도를 비난하는 집단성명을 발표했다. 그 정의감과 불편
부당에 대한 의지가 왜 페미니즘과 여성편향적 기사에는 작
동하지 않는지 안타깝다. 특히나 여성기자들을 중심으로 한
겨레가 페미니즘 사안에서 일관되게 보여온 편향, 과장, 왜
곡, 갈등유발, 비윤리적인 자료인용 등은 비판받아 마땅하다.
이런 내부 성찰이 없는 한 자성의 목소리 또한 선택적이라는
비판을 피해갈 수 없다. 진보적 사회의 방향을 노동중심, 노
동존중이라 말해온 〈한겨레〉, 〈경향신문〉, 〈정의당〉과 같은

집단이 노동문제를 다루는 태도를 보면서 오늘날 여성, 페미니즘, 젠더, 성정치에 갇힌 진보의 민낯을 확인하게 된다.

페미니스트 내부의 민낯

페미니스트 내부의 이견이 외부로 노출된 사건으로 예멘 난민 사태와 숙명여대 트랜스젠더 학생 입학 반대 사례를 들수 있다. 2018년 예멘 난민을 제주도에 수용하겠다는 정부의 방침이 알려지자 페미니스트 진영의 일부는 여성의 이름으로 반대운동을 벌였다. 넷페미니스트가 주도한 이 운동은 온라인 공간을 통해 확산됐다. 주로 젊은 여성들이 이용하는 온라인 커뮤니티를 중심으로 이슬람 국가들의 여성 강간이나 폭력 사례가 급속하게 공유됐고, 개신교 쪽이 주도한 이슬람 인구 유입 반대 움직임까지 결합하면서 예멘 난민 수용 반대 청와대 청원은 70만 명을 돌파했다. 전통적 주류였던 강단 엘리트와 여성단체 중심의 페미니스트 진영은 약자와 소수자를 배제하는 것은 페미니즘이 아니라며 이들을 비판했다. 그러나 이미 한국의 페미니즘은 보수적인 개신교 세력과 난민 반대 연합전선을 구축하는 새로운 장면을 만들어내며 기존 페미니스트 세력의 주장을 일축했다.

2020년 2월에는 숙명여대 법학과에 최종 합격해 입학을 기다리던 A씨가 교내 페미니스트들의 극렬한 반대운동과 위협에 시달리다 입학을 포기하는 사건이 일어났다. 그녀는 자신이 트랜스젠더임을 밝히면서 여대입학을 기뻐했고 성소수자를 위해 일하는 변호사가 되고 싶다 했다. 그러나 숙명여대의 페미니스트 동아리를 시작으로 일부 여대와 페미니스트 집단이 일제히 입학반대 운동을 벌였다. 이들은 법원의 성별변경 허가제도 자체를 반대하기도 했다.

학교측에서 입학에 문제가 없다는 입장을 밝혔음에도 학내에는 그녀를 비난하는 대자보가 붙고, 단체 톡방에서는 노골적인 조롱과 위협성 발언들이 난무했다. 이들은 조직적으로 입학반대 운동을 벌였는데 학교측에 항의전화를 하고 대자보를 붙이고, 반대성명을 발표하고, 온라인에서 서명운동을 벌여 무려 18,000명이 동참하는 성과를 뽐냈다. 집요한 반대와 공격에 결국 A씨는 입학을 포기하겠다고 발표했다. 마음이 너덜너덜해졌다고 한다. 반대운동을 주도한 페미니스트들은 만세를 불렀다.

이 사태를 계기로 래디컬 페미니스트가 주도하는 성별분리주의와 남성혐오에 대한 비판이 다시 수면 위로 올라왔다. 또한 이 두 사건은 젊은 여성들 주도의 래디컬 페미니즘이 한국의 새로운 세력으로 급부상한 권력 지형의 변화를 드러냈다. 기존의 페미니스트 진영은 입학반대를 외치는 래디컬 영페미니스트 집단을 향해 성소수자 혐오는 페미니즘이 아니라며 비난했다. 그러나 래디컬 페미니스트 집단은 트랜스 젠더여서가 아니라 남성이 여성을 참칭하는 것을 거부한 것 이므로 남성혐오의 연장이지 성소수자 혐오가 아니었다. 이 는 사태의 본질을 오도한 것이다. 즉 남성으로 태어난 이상 남성이며 아무리 성별을 바꾼다 해도 남성은 여성이 될 수 없으므로 남성은 여대에 입학할 수 없다는 것이 이들의 주장 이다. 이처럼 여성 약자/남성 강자, 여성 피해자/남성 가해자 라는 성별이분법적 분리주의와 피해의식은 페미니즘이라는 이념에서 도출되는 인식체계다. 따라서 래디컬 페미니즘은 진정한 페미니즘인가 아닌가라는 논쟁은 무의미하다. 또한 페미니스트 진영은 올바른 페미니즘이라는 규정 자체를 페 미니즘 감별이라며 거부한다.

A씨의 입학포기 사실이 알려지자 혼란과 당혹, 분노의 반 응들이 올라오기 시작했다. 그러던 중 진보정당인 정의당은 다소 뜬금없는 논평을 발표했다. 강민진 대변인은 "A씨의 입 학 포기 결정을 두고 교육당국은 부끄러움을 느껴야 마땅하 다"고 주장했다. 숙대측은 입학에 문제없으며 기숙사 이용 등에도 신체적, 법적 여학생이므로 문제되지 않는다고 했다. 그런데도 반대세력이 아닌 교육당국에 화살을 겨눈 엉뚱함 은 어찌 보면 페미니즘 비판에 늘 눈을 감고 문제를 외면해 온 진보정당다운 논평이었다.

정의당은 페미니스트인 여성들에게 비난의 화살을 돌릴 수가 없었다. 예멘 난민 사태 때도 진보 진영은 페미니스트 집단 내의 난민 반대 운동에 대해 정면 대응을 피했다. 숙대 사태 때도 마찬가지였다. 전폭적 지지를 보내온 이력뿐 아니라 사실상 같은 진영이므로 내부를 공격하는 일이었기 때문이다.

정의당은 교육당국을 향해 부끄러움을 느껴야 한다고 했지만 먼저 부끄러움을 느껴 마땅한 사람은 숙명여대 페미니스트 세력이다. 이들과 공조해서 A씨를 집단적으로 괴롭히고 결국 쫓아낸 페미니스트 집단, 입학 포기를 결정하자 환영하며 승리의 만세를 부른 페미니스트, 여성의 혐오는 혐오가 아니라고 주장한 사람들, 그리고 페미니즘 못 잃어서 주어를 왜곡하고 뜬금없는 성명서를 쓰고 있는 정의당… 잘못된 길을 가고 있는 페미니즘 진영이야말로 부끄러움을 느껴야 마땅한 이들이다.

정의연 사태와 사라진 '피해자'

2020년 한국사회는 정의연(정의기억연대, 전신은 정신대문제대책협의회, 정대협)과 윤미향 사태로 한동안 혼란스러웠다. 위안부 당사자인 이용수 할머니가 대표적인 위안부 운동 단체인 정의연의 문제를 공개적으로 지적하고 나섰기 때문이다. 이용수 할머니는 정의연의 회계처리가 불투명하다는 제기와 함께, 윤미향 의원 등 위안부 단체들이 자신들의 이익을 위해 할머니들을 이용해 왔다는 충격적인 발표를 했다. 정의연 운동 이력으로 국회의원까지 당선된 윤미향 전 대표가 논란의 중심에 서면서 이 사건은 여야 간 정쟁의 대상으로까지 커졌다. 이용수 할머니의 문제제기로 시작된 정의연 사태는 '신성불가침'의 영역이었던 순백의 피해자인 위안부 할머니마저 진영논리와 정치적 목적에 따라 얼마든지 상처를 낼 수 있는 존재라는 냉혹한 현실을 각인시켰다. 정의연과 윤미향 의원을 옹호하는 쪽에는 여성단체와 당시 여당인 민주당, 시민운동 단체들이 섰고, 반대편에는 야당과 위안부 운동에 비판적인 일부 세력이 전선에 섰다.

정쟁과 갈등은 언제나 존재하는 일이지만 정의연 사태는 특별한 점이 있었는데, 바로 여성단체의 윤미향과 정의연 옹호 선언이었다. 정의연 사태에서 여성 운동가들은 '피해자 중심주의'와 '2차 가해' 논리가 그간 얼마나 선택적으로 작동해 왔으며 허약한 논리인지 역설적으로 입증했다.

내 편이 아닌 피해자의 피해자다움

여성운동은 위안부 할머니들을 한국 최초의 미투 운동가라 칭했다. 그동안 미투 운동을 지탱해 온 두 가지 기둥은 '피해자 중심주의'와 '2차 가해론'이었다. 성범죄 사건에서 여성 운동가들은 합리적 판단을 내리려는 시도와 무분별한 피해자 비난을 구분하지 않았다. 사실관계에 대한 의문과 가해자로 지목된 이의 반론은 두 개념에 의해 모두 기각당했다. 폭로자를 존중하면서도 실체적 진실을 알고자 하는 노력은 양립할 수 없었다. 때론 일관되지 못한 피해자의 주장, 평소 피해자의 행동 양태, 증언과 일치하지 않는 정황들에 대한 반론이 나올 때면 전형적인 피해자의 틀에 맞추지 말라며 '피해자다움'을 강요하는 것도 2차 가해라 억압해왔다.

그런데 이용수 할머니가 정의연의 회계 관리와 운동방식을 비판하며 수요시위 불참을 선언하는 첫 기자회견을 하자, 여성 운동가들은 공개적인 장에 이런 말들을 뱉어냈다.

연세가 많으셔서 기억이 왜곡될 수 있다, 원래 그런 분이었다, 배후에 정의연에 악감정을 가진 사람이 있다, 나이 90을 넘기면 판단력과 논리력에 문제가 생긴다, 당신들의 할머니도 맨날 이랬다저랬다 하지 않느냐.

미투 운동에서 그간 자신들이 비난했던 피해자에 대한 공격 유형을 집대성한 말들이다. 최초의 미투 활동가라 명명한 할머니를 향한 것이기에 더 잔인하고, 피해자의 기억이 곧 진실이자 증거였던 여성운동의 논리를 스스로 무너뜨린 발언이었다.

이용수 할머니의 1차 기자회견 후 34개 여성단체는 신속하게 정의연을 지지한다는 연대성명을 발표했다. 한국의 여성운동에 참여한 페미니스트들이 일사분란하게 입장을 정리한 것이다. 언제나 피해자의 곁을 지키겠다던 여성 운동가들이 이번에는 일제히 위안부 피해자가 아닌 동료 여성 운동가의 편에 섰다. 이들은 이 성명서에서조차 위안부 운동이 최초의 미투 운동이라고 규정했다. 폭로자가 없는 미투 운동이란 성립이 불가능한데, 운동가와 운동의 대의만 남고 피해자인 할머니의 존재는 사라졌다.

할머니야말로 피해자다움의 공식을 깨트리는 용기를 냈지만 여성운동가들은 할머니를 모욕하고 공격하는 말들에서 피해자를 보호하지 않았다.

내 편인 피해자, 내 운동에 필요한 피해자가 아닐 때 순식간에 위협받는 피해자라는 지위. 피해자를 위해 운동이 존재하는지, 운동을 위해 피해자가 필요한 것인지, 34개 단체의 여성 운동가들에게 묻고 싶은 사건이다.

4

**불공정 사회의
페미니즘과 여가부**

페미니스트의 모순 짚어보기

오늘날 여성들은 많은 영역에서 남성과 대등하거나 뛰어난 성과를 보이고, 소녀들은 원하는 모든 일에 도전할 수 있다는 걸 안다. 남성들은 성차별적인 생각과 행동은 법적으로 제재받고 사회적으로 비난받는다는 사실을 알고 있으며, 제도권에서는 성평등, 차별 반대, 성폭력 반대, 양성평등과 같은 이름으로 페미니즘 이론에 입각한 교육을 실시한다. 그런데 페미니즘이 엄청난 영향력을 발휘하는 지금, 과연 여성들은 그 시절의 여성들보다 더 과감하고 주체적이며 자유로워졌는가? 이 질문에 선뜻 그렇다고 답하기는 쉽지 않다.

페미니즘이 확산될수록 페미니즘에 대한 혼란과 반감 또한 비례해 늘고 있다. 페미니스트들은 페미니즘을 기꺼이 받아들일 준비가 된 사람들에게마저 혼란을 준다. 똑같은 행위를 두고 어떤 페미니스트는 여성의 이익을 해친다고 주장하고, 다른 페미니스트는 반대의 주장을 펴는 사례도 있다. 문제는 내적 모순이 페미니스트 진영 안의 문제로 끝나지 않는다는 데에 있다. 이들이 힘을 가질수록 페미니즘의 모순된 핵심 이론이 사회의 많은 일에 영향을 끼친다. 부정적 영향과 피해는 주로 남성을 향한다. 페미니즘의 핵심 이론은 '가부장제'인데 이들은 가부장제를 곧 남성권력으로 동일시하여 남성=가부장=권력=가해자라는 공식을 모든 사회현상에 적용시키기 때문이다. 이들이 주장하는 가부장제 논리를 이해하면 왜 페미니즘을 받아들이는 순간 모순된 주장에 사로잡히는지, 남성을 적대시하고 차별하는 행동을 왜 성평등이라 주장하는지 이해할 수 있다.

가부장제 필터와 무죄추정의 원칙

페미니즘에 대한 가장 광범위한 오해는 양성평등을 위한 사상이라거나, 양성평등을 목적으로 한 운동이라는 착각이다. 페미니즘을 지지하고 받아들이려는 사람들은 대부분 일부 급진적인 래디컬 페미니스트가 문제일 뿐 여전히 페미니즘은 평등을 위한 이념이라고 생각한다. 하지만 그렇지 않다. 페미니즘은 단순하게 양성평등이나 성평등, 차별철폐를 주장하는 이념이 아니라 정확하게는 가부장제 철폐가 곧 양성 평등이라고 주장하는 이념이다. 가부장제라는 필터를 거치지 않고서는 양성평등은 완성되지 않으므로 페미니즘을 이해하려면 그들이 말하는 가부장제가 무엇인지를 알아야 한다.

이를 이해하면 페미니스트들의 모순된 행동을 해석할 수 있으며, 왜 '그런 모순을 견디면서 하는 게 페미니즘'이라는 조롱의 말이 광범위한 동의를 얻는지도 이해할 수 있다. 이 글은 대체 페미니스트는 왜 이러느냐며 그 모순을 납득하지 못하는 의문들에 대한 답이자, 현재 한국사회의 큰 혼란과 갈등에 지배적 영향력을 행사하는 한 이념에 대한 분석이다.

가부장제가 무엇이냐고 물으면 페미니스트는 '남성 중심의 권력구조로 인해 여성이 억압된 사회'라는 정도의 답을 한다. 남성 중심이란 어떤 것이냐고 재차 묻는다면 정치, 경제, 문화, 사회, 가정 등 모든 영역에서 남성들이 주류이며 권력을 휘두르는 것이라는 정도의 답을 할 것이다. 최대한 뭉뚱그려 말하기 전략이다. 세세하게 말하지 않음으로써 낮은 수준의 동의만 구해도 틀린 말이 되지 않기 때문이다. 좀 더 정교한 답을 원하면 페미니스트는 이렇게 대꾸한다. "오늘날 정치인과 기업인들의 회의 장면을 봐, 여자는 없어! 가부장제라는 증거가 더 필요해?"

페미니스트가 아닌 지식인도 "가부장제 사회에서"라는 말을 의심 없이 전제하고 인용한다. '한국은 가부장제 사회이므로 여성억압은 여전히 존재한다'는 주장을 온 사회가 되뇌이는 것이다. 페미니스트가 주장하는 가부장제 사회라는 레토릭에 사회적으로 세뇌Brainwashing 당한 상태다.

사실 페미니즘에서 말하는 가부장제는 더 촘촘하다. 페미니즘의 근간인 가부장제 이론은 다음과 같다. 가부장제는 여성을 억압하고 착취하는 사회적 제도와 구성원들의 일거수일투족 등 '모든 것'이다. 가부장제에는 국가 단위의 법과 경제조직, 문화뿐만 아니라 보통의 구성원들이 구사하는 표현, 사고, 행위, 표정, 몸짓, 걸음걸이까지 빠짐없이 포함된다. 이 모든 것이 유기적으로 작용해서 여성을 항구적인 종속상태로 몰아넣으며 남성에게는 이 상태가 큰 이익이 된다.

쩍벌남은 왜 가부장제의 상징인가? 그는 옆자리에서 불편하게 몸을 쪼그려야 하는 다른 여성 승객을 배려할 필요가 없다. 그가 그럴 수 있는 이유는 가부장제 하에서 남성은 그러한 권력을 가졌기 때문이다. 다리를 벌리고 앉은 남성은 단순히 에티켓이 없는 사람이 아니라 가부장제를 상징하는 남성권력이다. 그러므로 가부장제 질서를 타파하려면 남자가 지하철에서 다리를 벌리고 앉지 못하도록 자세를 규제해야 한다. 또한 여성들은 정신적으로도 가부장제에 종속되어 자신도 모르게 가부장제의 존속에 기여한다. 그러므로 여성의

'진정한' 이익을 제대로 꿰뚫어 보는 선각자가 필요한데 이게 바로 페미니스트의 역할이다.

사람들이 상식적으로 생각하는 평등은 무언가를 동등하게 나누고, 동등한 기회를 누리고, 동등한 책임을 지는 것이다. 그러나 페미니즘은 전제가 다르다. 가부장제 사회는 이미 여성에게 기울어진 운동장이기 때문에 여성을 아무리 우대하더라도 이는 불평등을 줄이는 것이 된다. 페미니즘에서 기인한 이 논리는 정치권에 들어간 페미니스트 진영 인사들에 의해 전 국가적인 성평등 정책의 기조가 되었다. 즉, 양성의 평등이 아니라 여성에 대한 혜택과 우대를 주는 것이 성평등이라는 논리이다. 국가가 시행하는 '성평등' 사업을 떠올려보라. 대부분 여성을 위한 사업들이다. 성평등이라는 기능을 담당하는 관료들 또한 여성들이 임명된다.

무죄추정의 원칙이 훼손되는 과정의 예를 들어보자. 여성이 남성의 성폭력을 어떠한 제약 없이 폭로하고 단죄하는 것은 여성해방의 실현이다. 그런데 무죄추정의 원칙이 여성들이 마음대로 신고하는 데 걸림돌로 작용한다. 이는 가부장제의 폐해다. 그러므로 페미니스트 진영은 여성에게는 무고죄를 적용하지 말라고 주장해 법무부의 지침 변경을 이끌어낸다. 법의 공정한 집행이라는 원칙은 남성중심의 언어이며 가부장적 질서이므로 여성에게만 무고죄를 적용하지 않는 것은 페미니즘 논리에서 도덕적으로 아무런 문제가 없다. 더 나아가 성범죄에는 유죄추정의 원칙을 적용해야 한다는 주장도 거리낌 없이 한다.

페미니즘의 인종주의 메커니즘

페미니즘 문학에는 남자를 노예로 만들고, 거세하고, 죽이고, 남자 태아를 낙태해야만 하는 세상을 그리는 상상이 단골 소재로 등장한다. 심지어 현실세계의 진지한 정치적 선언문이나 논문, 칼럼에도 이러한 사고가 정제되지 않은 채 등장한다. 이런 사례들은 풍자 차원의 주장이 아니라 페미니즘 사상을 가감 없이 솔직하게 드러낸 것이다. '남성'이라는 성별을 존재 자체로 해악이라고 보며 박멸시켜야 할 대상으로 간주하는 페미니즘의 인종주의적 매커니즘을 보여주는 사례들이다.

미국의 대표 급진 페미니스트인 안드레아 드워킨Andrea Dworkin과 오랫동안 동거했던 존 스톨텐버그John Stoltenberg라는 남자 페미니스트는 "남성은 정체성이 강간 그 자체이므로 그 정체성을 거세해야 한다"고 주장했다. 아티스트 앤디 워홀Andy Warhol을 총으로 쏴 유명해진 페미니스트 발레리 솔라나스Valerie Solanas는 스컴SCUM 선언문에서 "여성이 정부를 장악해야 한다, 혁명이 성공하면 여성들의 보조인력이 되지 않을 남성들을 모조리 죽여야 한다"고 주장했다. 샐리

밀러 기어하트Sally Miller Gearheart는 솔라나스의 선언과 유사한 글에서 "미래는 여성만의 것이 되어야 하고, 남성은 전체 인구의 10퍼센트를 넘지 않도록 통제되어야 한다"고 주장했고, 미국의 페미니스트 활동가이자 임상 심리학자인 레오노르 티퍼Leonore Tiefer는 발기부전 치료가 남성지배를 영속화한다며 이를 금지해야 한다고 진지하게 주장했다. 1993년, 미국에서 로레나 보비트Lorena Bobbitt라는 여성이 평소 폭력을 휘두른 남편의 성기를 절단해 길가에 버린 사건이 일어나자 미국의 많은 페미니스트는 아주 잘한 일이라고 칭송했다.

비상식적으로 들리지만 이러한 일은 과장이 아니라 엄연히 존재하는 현실이다. 남성혐오의 발원지이자 공유지가 된 여초 커뮤니티에는 "한남은 다 재기해", "착한 한남은 죽은 한남뿐"과 같은 레토릭을 자연스럽게 구사하는 여성들이 대부분이다. 얼마간의 치기가 포함된 말이고 일종의 인터넷 밈이기도 하지만, 이들은 일상적으로 남성살해를 말한다. '남자아이를 죽였다'거나, '애비충(아버지) 살해 시도를 했다'며 사진을 올리기도 한다.

한국에서도 남성혐오 언어인 '한남충'을 학적 용어로까지 격상시킨 논문이 등재지에 실린 사건이 일어났다. 2019년, 페미니스트 연구자 윤지선은 남성을 '한남유충', '한남성충', '관음충' 등으로 규정한 논문을 〈철학연구〉라는 등재지에 실었다. 해당 논문에서 윤지선은 유명 유튜브 채널 보겸 TV의 보겸이 사용하는 인사말을 여성의 성기를 가리킨 혐오행위로 서술했다. 뒤늦게 이를 인지한 보겸은 윤지선 교수와 가톨릭대학교, 논문 등재기관인 철학연구회를 찾아다니며 논문내용의 수정과 사과를 요구했다. 모든 기관이 보겸의 요구를 묵살하고 결국 소송에까지 이른 이 사건은 국민의힘 허은아 의원이 한국연구재단에 문제제기를 하면서 해결의 실마리를 찾았다.

2022년 2월, 한국연구재단은 철학연구회에 해당 논문의 철회와 함께 윤지선에 대한 일정기간 논문투고 금지조치를 권고했다. 윤지선은 페미니스트에 대한 마녀사냥이며 표현의 자유를 침해하는 행위라며 격렬하게 반발했다. 윤 씨는 이러한 조치를 "학계의 권위, 명예, 원칙을 수단과 방법 가리지 않고 짓밟아서라도 제 논문의 숨통을 끊어놓겠다는 여성 혐오와 증오의 의지"라 표현했다. 결국 소송으로 이어진 보겸과 윤 씨의 대립은 2022년 6월 현재, 윤 씨에게 5천만원을 배상하라는 1심 판결이 내려졌고, 윤 씨는 이에 불복해 항소했다.

페미니즘 도덕관념의 현주소

이처럼 페미니즘에서 일반적 의미의 도덕은 의미가 없고 적용되지도 않는다. 여성의 이익이 곧 도덕이자 페미니즘이 곧 도덕의 전부다. 과장된 말 같은가? 그렇지 않다. 우리가 도덕이라고 여기는 것을 어긴 페미니스트에게 비난이 가해질 때면 그녀들은 이렇게 대응한다. "그것은 오래된 여성억압인 가부장적 질서에서 파생된 도덕일 뿐이다. 그러므로 언제나 여성에게만 가혹하게 집행된다!" 법질서, 통념, 통상적 윤리의식에 기반한 도덕규범이 여성해방에 방해가 된다면 이는 가부장적 도덕에 불과하다. 그러니 철폐되어야 한다.

다중이 이용하는 공간에서 욕설을 하는 여성에게 자제를 요구하는 일도, 현행법에서 금지된 유두 노출 시위 규제도, 사우나에서 목욕용품을 훔쳐가는 행위에 대한 비난도 이들에게는 여성을 억압하는 가부장적 도덕에 의한 여성탄압이 된다. 이수역 폭행사건 때 주점에서 욕설을 퍼부은 젊은 여성의 행위를 옹호하던 논리도 이것이다. 가부장제 사회라 여성에게만 더 가혹한 비난을 한다는 것이다. 공중도덕이나 예의라는 기준은 여성의 억압을 정치하게 드러내지 못한다. 영 페미니스트들이 넷상에서 "우리는 도덕을 버렸다"고 주장하는 것도 이러한 논리에 기반한다. 철폐되어야 할 도덕들을 제거하고 나면 결국 페미니즘만 남는다. 그러므로 진정한 도덕은 페미니즘이 된다.

페미니즘의 도덕관념을 보여주는 사례로 남자 아동에 대한 성추행을 공개적으로 밝힌 페미니스트 '호주국자'가 있다. 2017년, 호주에 간 그녀는 한 남자아이를 성추행했다는 글을 커뮤니티 워마드womad 게시판에 올렸다가 네티즌들의 신고로 현지 경찰에 체포돼 재판을 받았다. 한국의 페미니스트들은 재판비용을 모금해 전달하며 호주국자를 응원했다. 호주국자는 "쇼타로 콤플렉스는 로리타와는 다르게 해석해야 한다, 취향으로 존중받는다"는 페미니스트 이현재 교수의 발언을 인용하며 자신의 행동을 정당화했다. 이현재 교수는 강단에서 활동하는 엘리트 페미니스트이며 호주국자의 행위를 옹호하지 않는다. 그러나 극단성 면에서 차이가 있다 해도 근본적으로 페미니즘이 사회 일반의 도덕규범을 어떻게 무시하는지, 심지어 위법한 행위를 하면서도 이를 정당화하는 사고체계가 어떻게 가동되는지 보여준다.

극단적 페미니스트는 엘리트 페미니스트의 논리를 인용한다. 이현재 교수와 함께 해당 방송에 출연한 개그맨 황현희는 아동에 대한 성적 취향은 롤리타든 쇼타든 같은 선상이므로 다르게 취급하면 안 된다고 반박했다. 그러자 남성 페미니스트인 손아람 작가는 "똑같은 사건이라도 얼마나 사회구조와 맥락을 담고 있는지에 따라 다르다"고 재반박했다. 이것이 바로 '가부장제 필터'를 거친 페미니즘의 도덕관념이다.

워마드와 메갈리아, 여성시대 등 페미니즘을 지지하는 여초집단이 일베와 다른 점은 적어도 일베는 자신들의 비도덕적이고 패륜적인 행위가 사회의 도덕규범과 법규범에 위반되는 행위라는 걸 안다는 사실이다. 그러나 워마드와 메갈리아를 위시한 여성시대 등 여초집단과 트위터 페미니스트들은 가부장적 도덕은 철폐 대상이므로 이를 어기는 것이 오히려 여성해방을 앞당기는 도덕적 행위라고 여긴다. 상대 성별에 대한 혐오행위라는 면에서는 같지만 두 집단 사이에는 이러한 차이가 있다. 그러한 행위를 수년간 목격해 온 젊은 남성들 입장에서 '여자일베'라 불리는 혐오집단에 대한 기성세대의 찬양은 도무지 이해할 수 없는 일이다.

급진 페미니즘과 온건 페미니즘, 무의미한 구분

불의한 도덕관념으로 무장한 일련의 여성들이 공개적으로 활동력을 보이기 시작한 건 페미니즘 뉴웨이브라고 부르는 2015년부터이다. 새롭게 페미니스트가 된 여성들은 대부분 래디컬 페미니즘을 받아들였다. 주로 온라인에서 활동하는 이들은 원래 대중들이 페미니즘이라 이해해왔던 남녀평등, 차별반대보다는 남성혐오, 남성도태, 여성우월주의를 앞세워 가파르게 성장했다. 주류 페미니즘 진영(강단 페미니스트, 여성단체)은 새롭게 부상한 극단적 넷페미니스트net-feminist의 주장과 행동에 우려를 표했다. 그러나 젊은 여성들이 급진주의에 열광하자 이 현상을 새롭게 평가하기 시작한다. 영 페미니즘 운동은 혜화역 시위, 강남역 추모, 메갈리아와 워마드 사이트 개설, 미러링 운동 등 온·오프라인을 넘어 응집력과 행동력을 보였다. 한국의 여성운동이 '대중'을 가지게 된 사건이었다. 여성운동가들만의 운동에서 페미니즘을 내건 대중적 운동이 큰 성공을 보이자 주류 페미니스트 진영은 이 행적을 한국 페미니즘史에 정식 등재하기에 이른다. 급진적이며 극단적이고, 남성혐오에 뿌리를 둔 페미니즘이 족보를 가지게 된 것이다. 초기 메갈리아에 우려를 보내던 강단의 페미니스트들은 다음과 같은 찬사를 바치며 태세를 전환한다.

이들은 온라인을 통해 물리적 한계를 뛰어넘어 구조적 폭력 현상을 중단시키는 실질적 효과를 발휘하고 있다. _윤김지영

메갈리안이 실험한 것은 쾌락의 언어와 농담의 에너지를 운동의 에너지로 전화시키는 것이었다. _윤보라

메갈리아만큼 대중적이고, 가시적이면서도, 현실적인 성과를 끌어낸 곳은 없었다고 생각한다. _손희정

메갈리아는 일베에 대항한 유일한 당사자다. _정희진

큰 차원에서는 한 몸이 됐지만 어디나 그렇듯 페미니즘 진영 안에서도 누가 더 많은 대중을 확보해 권력의 영토를 확장

할 수 있는가를 두고 파워게임이 존재한다. 그러나 주목할 점은 페미니스트들끼리 갈라져 "이건 페미니즘이 아니다", "저들은 페미니스트가 아니다"라고 주장하는 싸움에서 양쪽 모두 논리의 근거로 '가부장제'를 이용한다는 사실이다. 앞서 가부장제 필터에 대한 글에서 이야기했듯, 페미니즘이란 철학적인 논리체계를 가진 이념이기보다는 '여성의 진정한 이익을 위한 모든 것'이기 때문에 페미니스트끼리도 의견이 부딪힌다. 그러나 서로 '진정'한 여성의 이익을 주장하기 때문에 둘 중 누가 옳은지는 결론이 날 수 없다. '결론날 수 없음', '옳고 그름을 구분할 수 없음' 이것이 페미니즘의 본질이다. 페미니즘은 권리 논증이 아니라 모든 주장에 가부장제 필터를 적용해 정당화하는 구조를 가지고 있기 때문이다. 그러므로 관찰자들이 혼란스러워하며 무엇이 진정한 페미니즘인지 가리는 일은 무의미하다.

지금까지 관찰한 바 급진파와 교차파의 대립에 정답이 존재하던가? 교차파는 트랜스젠더를 쫓아낸 급진파의 행동을 비난한다. 그러나 여성으로 태어나야만 여성이라는 생물학적 성별환원론을 비판하는 교차파는 다른 방식의 성별환원론을 편다. 교차파는 유해한 남성성을 거론하며 남성을 향해 잠재적 강간범이 아님을 입증하라고 요구한다. 말을 거칠게 하고 행동이 좀 더 강경하다는 차이가 있을 뿐 남성에 대한 본질적 혐오와 피해의식, 여성의 배타적인 이익 요구, 강간을 매개로 생물학적 성별 환원론 주장, 최종 가해자를 남성으로 규정하는 점에서 급진파와 교차파는 다르지 않다.

또 한 가지 이들의 공통점은 여성이라는 성별집단 전체를 하나의 권리단위로 취급하는 것이다. 가부장제 필터가 여기에서도 핵심적으로 작동한다. 이 논리는 개별여성들의 이익과 권리마저 침해한다.

검열, 감시, 폭로, 처벌

성적 코드를 내세운 업종에 종사하는 여성들은 페미니스트가 볼 때 가부장제에 굴종함으로써 전체 여성의 진정한 이익을 해치는 존재다. 그러므로 가부장제에 의해 인지가 왜곡된 피해자의 말을 곧이곧대로 들어서는 안 되며, 그러한 직종을 없애는 것이야말로 해당 여성들을 위하는 일이라는 궤변이 등장한다. 모터쇼의 레이싱 모델, 격투기 경기의 라운드걸, 미인대회 참가자 등 외모의 어필이 중요한 직종의 여성들은 페미니스트에 의해 점차 일자리를 잃고 있다. 여자 아동이 출연한 CF는 성인의 섹시한 콘셉트를 모방했다는 혐의를 받고 삭제된다. 성노동 불법화를 반대하는 성노동자는 주류 페미니스트에게 공격받고 '자의'란 없는 피해자로 취급된다. 외모 꾸미기를 좋아하는 유튜버는 '코르셋을 조인다'

며 여성들의 악플에 시달리고, 속옷을 만들어 판매하는 여성 사업가는 페미니스트의 사이버 테러로 계정이 정지당하는 고통을 겪는다.

그 노동으로 생계를 유지하고, 자신의 일을 사랑하며, 자부심을 가진 여성들이 있다는 사실은 중요하지 않다. 이들은 여성이 스스로 원하는 것을 억압하고, 일자리를 잃게 만들며, 성노동의 경우 법과 제도를 통해 거래를 금지하도록 만든다. 그것이 페미니스트에게는 여성해방을 위한 길이다. 이처럼 페미니즘은 여성 개인의 이익을 있는 그대로 존중하지 않는다. 전체 여성 집단의 이익, 즉 페미니스트가 규정한 '가부장제 철폐'라는 목적을 실현하는 것만이 중요하다. 이러한 사고체계에서 여성 개인은 '여성의 진정한 이익'에 기여하는 데 필요한 로봇과 같은 존재다. 이런 운동에는 급진파와 교차파가 따로 없다.

또한 급진파와 교차파 페미니스트 모두 언어와 문화적 표현에 대한 감시와 검열에 주력한다. 사소하게 보이는 미세 억압요소들을 찾아내는 일이야말로 가부장제 철폐의 과제다. 구성원들의 눈빛, 시선, 말투, 태도, 습관적 행동, 무의식적인 대응, 요리법, 식재료, 카메라의 앵글, 관공서의 가로수 정책, 정치인의 옷차림, 휴대폰의 크기, 성인커플 사이의 콘돔사용, 화장실 기호, 남자 둘이서 나누는 대화… 이 모든 것들이 모두 가부장제를 구성하는 요소다. 페미니즘에서는 그 어떠한 것도 사소하지 않다. 대중들이 사소하다고 치부하는 그런 것들이 바로 가부장제의 핵심이다.

　페미니스트가 웹툰, 영화, 소설, 인터넷 기사, 커뮤니티 활동, 노래, 뮤직비디오, 유튜브, SNS의 짧은 글, 단어, 속담, 호칭 등 한도 끝도 없이 모든 것들을 지치지 않고 검열하는 것은 페미니즘의 대의에 딱 들어맞는 일이다. 이들은 어떤 일은 사적 영역으로 인정하고 어떤 일은 공적인 영역이니 같이 결정하자는 구별 자체를 가부장적으로 본다. 리얼돌에서 즉각 강간행위를 도출해내는 식이다. 내 방 안이라는 지극히 사적인 공간에서 하는 행위라는 항변은 통하지 않는다. 그러한 구별이야말로 가부장적인 짓을 계속하고 싶어하는 남성들의 음모이기 때문이다. 그러므로 페미니즘에서는 사적인 행위가 없다. "모든 개인적인 것은 정치적인 것"이며, "그것은 절대 사소하지 않다."

　더구나 가부장제는 사적인 곳에서 가장 심하게 재생산되어 공고한 억압으로 작동한다. '취향'이나 '자유'와 같은 개념은 가부장제 하에서 독립적인 개념으로 인정되지 않는다. 그러한 논리 하에 가부장제에 찌든 구성요소들을 하루빨리 철폐하기 위해 동원하는 빠르고 손쉬운 방법이 일상적인 감시와 검열이다. 그래서 페미니즘은 검열국가, 감시국가와 기꺼이 손을 잡는다.

페미니즘은 틀렸다

페미니즘에 동의한다는 것은 바로 이런 가부장제 개념에 동의하는 것이다. 지식인들이 "가부장제 하에서"라는 관용구를 당연한 듯 사용하는 것은 가부장제 개념에 동의한다는 전제를 담고 있다. 그냥 '남녀평등은 좋은 것이니까 페미니즘은 좋은 것이다, 페미니즘이 좀 과도하게 나가는 게 문제다'라는 견해는 이러한 가부장제 필터를 온전히 이해하지 못한 상태에서 도출된 오류다. 그런 식으로 순진하게 이해하고 있다가 상식적인 의문을 던지면 페미니스트는 즉각 "페미니즘 공부 좀 하라"며 비난할 것이다. 당신이 "가부장제 하에서 남성 또한 여성과 다른 형태의 억압을 당한다"라고 말하며 가부장제가 온존함을 전제하는 순간, 가부장제 철폐를 위한 싸움에 동참해야 한다는 요구와, 어떻게 페미니즘에 동의하지 않을 수 있느냐는 페미니스트의 물음에 답할 의무가 생긴다.

  남성 위주의 사회에서 여성이 부당한 차별을 받았던 역사가 존재한다. 이를 인정하기 때문에 그에 맞섰던 페미니즘을 존중하려는 선의를 페미니스트는 교묘하게 이용한다. 가부장제는 그러한 도구로 그간 오남용되어 왔으며 이제 우리가 오히려 그러한 억압에서 벗어날 때이다. 가부장적 사회의 습속이 일부 남아있다 해도 이것이 가부장제가 온존한다는 근거는 될 수 없다. 오랜 기간 독재정권의 지배를 받은 탓에 누군가 권위적인 명령어를 남발한다 해도 우리는 이를 독재정권이 현존한다는 근거로 삼지 않는다. 민주적 시스템이 가동하는 사회에 아직 남아있는 개선요소일 뿐이다. 페미니스트가 가부장제의 억압이라 주장하는 여성에 대한 교묘한 문화적 차별은 동료시민들 사이에서 존중에 기반한 계몽을 통해 해결할 수 있다. 페미니즘이 아니어도 가능할 뿐 아니라, 페미니즘이 개입하면 오히려 해결의 실마리를 끈다. (여성혐오는 존재하지만 남성혐오는 존재할 수 없다는 류의 궤변들처럼) 인류가 사회라는 공동체를 구성하고 살아온 이래 언제나 그래왔듯 모순은 존재하고, 우리에게는 변화시켜야 할 당대의 현실적 문제들이 있을 뿐이다.

'진정한 페미니즘'을 찾으려는 당신에게

사람들은 왜 '진정한 페미니즘'에 대한 미련을 버리지 못할까? 잘못된 건 일부 나쁜 페미니스트들이지 원래 내가 알고 지지했던 페미니즘은 여전히 옳다는 믿음을 고수하려 할까? 우리가 그동안 페미니즘과 성평등, 인권을 동일하게 여기는 착시상태에 빠져있었기 때문이다. 이는 페미니스트 진영의 전략이기도 하다.

차별에 반대하지요? 그렇다면 당신은 페미니스트입니다.

성평등을 지지하지요? 그렇다면 페미니스트입니다.

페미니즘은 인권의 다른 이름입니다.

우리는 모두 페미니스트가 되어야 합니다.

'진정한 페미니즘'을 지지하는 사람들이 한 번 이상 들어봤을 말들이다. 대선 기간 방송사의 토론회에 출연한 정의당 장혜영 의원은 국민의힘 김은혜 의원에게 "성평등에 찬성하십니까?"라고 물은 후 "그렇다면 당신도 페미니스트입니다."라며 자신이 신봉하는 이념의 추종자로 타인을 강제 편입시켰다. 헌법기관인 국회의원이 사상의 자유라는 민주주의의 핵심 가치를 훼손한 것이다. 페미니스트들은 늘상 이렇게 말해왔다. 성평등은 곧 페미니즘이고, 차별반대는 곧 페미니즘이니 이를 부인할 수 없지 않은가. 페미니스트 진영의 개념 후려치기와 뭉뚱그려 말하기 전략은 성공적이었다.

어떠한 가치에 대한 지지행위가 페미니스트의 주장과 겹쳤을 뿐이라는 우연적 사실을 인지하지 못하면, 당시 옳다고 여겼던 자신의 판단을 오류라 인정해야 하는 불편한 상황에 빠지게 된다. 차별에 반대하는 나, 인권의식이 있는 나는 페미니즘을 떼어내도 여전히 성립할 수 있음을 깨닫는다면 굳이 '진정한 페미니즘'에서 방법을 구할 필요 또한 사라진다. 그래서 페미니스트 진영은 더욱 성평등, 차별반대, 인권과 같은 가치들을 페미니즘이라는 이념에 접착시켜 따로 떼내지 못하도록 하는 것이다.

가부장제 필터를 제대로 이해하면 '좋은 페미니즘', '진정한 페미니즘' 같은 건 없다는 정답을 도출해낼 수 있다. 이제 페미니즘은 틀렸다는 것, 우리는 개인으로도 사회적으로도 페미니스트에 진 빚이 없음을 깨달아야 할 때이다. 더이상 애초부터 존재하지 않는 '진정한 페미니즘'을 찾는 혼란에 빠질 필요는 없다. 좋은 페미니즘, 진정한 페미니즘 같은 것은 없다.

지금까지 살펴본 것처럼 페미니즘은 본질적으로 가부장제 논리를 이용해 여성의 이익을 위한 모든 일을 성평등이라고 규정했다. 세속적인 도덕, 윤리, 공정함, 법질서 같은 것은 가부장제를 지탱하는 남성권력의 산물이므로 무시되어야 하며, 남성은 본래부터 가해자의 속성을 지닌 유해한 존재로 규정된다. 이러한 이념에 기반을 둔 정책과 사업이 남녀 모두에게 공정하거나 남성의 사정까지 고려하는 일은 본질적으로 불가능하다.

이제 남성들이 태생적으로 불공정한 DNA를 내포한 페미니즘의 본질적인 속성을 깨닫기 시작했다.

여성가족부의 행적에 답이 있다

2022년 1월 7일, 지지율이 하락한 채 답보상태였던 국민의
힘 윤석열 후보가 '여성가족부 폐지'라는 한 줄짜리 공약을
올렸다. 단순하고 강렬한 일곱 글자는 윤 후보의 지지율을
다시 끌어올리고 결국 당선까지 가도록 만든 분기점이 됐다.
2021년 기준 정부 부처 18개 중 예산규모 최하위, 0.23퍼센
트에 불과한 작은 부처의 폐지가 왜 이토록 중요한 정치적
쟁점이 되었을까? 특히 젊은 남성들은 여가부 폐지 공약에
왜 그토록 환호했을까? 오늘날 여가부는 왜 젊은 남성들에
게 불공정의 상징이며 성차별 부처라는 오명을 쓰게 되었을
까? 여가부의 주장처럼 남성들의 오해나 홍보 미숙 때문일
까? 그렇지 않다. 여가부가 이러한 취급을 받는 이유는 오해

때문이 아닌 바로 여가부 자신의 행적 때문이다.

필자는 2021년 1월 1일, 운영하는 온라인 매체인 〈이선옥닷컴〉에 개인 성명을 발표했다. 여성가족부의 해체가 비정상적인 성별갈등 사태를 해결하는 시작점이 되리라 판단했기 때문이다. 물론 사회적 영향력이 없는 개인의 성명서가 힘을 발휘할 것을 기대하지는 않았다. 다만 민주 사회의 시민으로서, 젊은 세대가 겪고 있는 내전과도 같은 갈등에 대해 기성세대로서 작은 책임감과 부채감에서 쓴 성명서였다. 여가부의 폐지는 단순하게 정부부처를 실용적으로 구조조정하는 차원의 문제가 아니라 우리사회에 견고하게 고정된 비상식적인 질서를 바로잡는 일이다.

낡은 이슈, 여가부 폐지

20년 동안 정권이 바뀔 때마다 여가부는 존폐 문제가 제기됐다. 그럴 때마다 여가부는 '우리가 보호하는 피해자들은 어떻게 하느냐'는 감성적 호소와, '여가부의 실제 예산은 가족과 청소년이 대부분이다, 여성만을 위한 부서가 아니다'라며 두 가지 논리로 방어해왔다. 피해자 보호와 가족관련 업무는 본래 여가부의 고유 업무가 아니었으므로 원래의 부처로 이관하면 공백이 없으며, 사실상 가족부라면 더욱 남성은 제외된 여성가족부라는 이름으로 존치될 이유가 없다. 그러나 여가부는 가족부라 주장해놓고 '권한을 더 달라, 그러면 성평등을 위해 더욱 노력하겠다'는 모순된 주장으로 자신들의 말을 뒤집어왔다. 우리가 사라지면 성평등은 어떻게 추진하느냐는 말에 이들의 목적이 실제로는 여성만의 이익 증진이라는 본심이 드러난다.

여성가족부 폐지는 국민을 대상으로 한 여론조사에서 폐지 또는 개선요구가 70퍼센트 이상을 차지한다. 여성들도 50퍼센트 이상이 여가부 폐지에 찬성한다. 여가부를 없앤다고 문제가 해결되느냐며 폐지 요구를 극단적 여론으로 해석하는 견해 또한 존재한다. 그러나 여가부의 폐지가 모든 해결은 아닐지라도 여가부 폐지 없이는 문제가 해결될 수 없다는 것 또한 사실이다. 특히 남성들이 여가부 폐지를 강력하게 요구하는 것은 여가부가 불공정하고 성차별한 사업을 벌여왔으며, 행정부처로서 국가가 국민을 어떻게 대우하고 있는지를 보여주는 상징적인 기관이기 때문이다.

여가부 폐지는 부처의 정체성 문제에서부터 비롯된다. 여가부는 18개 행정부처 가운데 유일하게 온 국민에게 해당되는 기능이 아닌 여성이라는 특정 대상의 이익을 고유한 목적으로 하는 부처이다. 여가부는 가족이나 청소년이 아닌 '평등을 일상으로'라는 슬로건을 부처의 정체성을 상징하는 구호로 삼는다. 그러나 여가부의 평등은 양성에게 공정한 평등이 아니다. 차별을 없애는 것이 평등이고, 차별을 당하는 건 여성이니 여성의 지위를 끌어올리는 것이 이들에게는 성평등이다. 이는 헌법이 아닌 페미니즘이라는 이념이 규정하는 성평등의 개념을 따르기 때문이다. 공정을 요구하는 청년들의 분노가 여가부와 페미니즘을 향할 수밖에 없는 이유다.

여성가족부를 해체해야 하는 이유들

여가부는 헌법 정신과 근대 법치국가의 운영원리를 위반한다는 면에서 본질적인 문제가 있다. 우리 헌법은 사회적 특수계급을 인정하지 않으며 어떤 형태로든 이를 창설할 수 없다고 규정한다. 그러나 현재 한국사회에서 남성은 법적 지위의 불평등 단계에 들어섰다. 성범죄에서 무죄추정의 원칙과 증거주의 원칙이 훼손됐고, 여가부가 주도한 행정부처(법무부와 대검찰청)의 지침에 의해 성범죄에서 여성에 대한 무고죄 수사는 유예된다. 또한 여가부는 여성들의 미투운동을 지지하며 폭로 단계의 여성에게 즉각 피해자의 지위를 부여하고 세금으로 이들을 지원한다.

　실질적인 위협이 확인됐거나 신체적 훼손이 우려되는 등의 긴급구제 필요 상황이 아니라 여론에 크게 노출된 사건일수록 원칙 없이 지원을 보장한다. 행정부인 여가부의 장관이 사법부의 판결에 개입해 성범죄 혐의를 받는 특정 피의자에 대해 유죄판결이 나도록 노력하겠다는 말을 버젓이 하며, 전국민에게 성인지 감수성이 장착되도록 하겠다며 페미니즘 이념 교육을 강제한다. 법치국가의 근간을 위협하는 이러한 사업과 정책들을 헌법기관인 행정부가 주도하고 있는 현실이다.

여기에 페미니스트 진영의 정치권력 진출의 장으로 기능하는 여가부의 특성이 더해진다. 페미니스트들은 여성단체를 만들고, 여성단체의 리더는 여가부 장관의 등용문이 된다. 이들은 임기를 마친 후 다시 정부나 지자체의 여성관련 기관장으로 이동해 회전문 인사를 통해 국가기구를 여성운동의 장으로 삼는다. 여가부가 담당하는 여성폭력피해자 지원사업, 성인지 감수성 교육 사업은 페미니스트 진영의 여성단체들이 보조금 지원과 위탁을 통해 진행한다. 중앙정부뿐 아니라 전국의 지자체와 공공기관, 교육기관까지 방대한 규모를 가진 이러한 사업은 비즈니스화 되어 여성단체들의 독점적 사업이 됐다.

한편으로는 국민의 성평등 의식을 개선한다며 방송사의 컨텐츠를 검열하고, 게임산업을 규제하고, 성차별인식을 재고한다는 명분으로 평등언어 만들기, 차별캐릭터 바꾸기(경찰청의 포돌이와 포순이 개조, 대전엑스포의 꿈돌이와 꿈순이 개명 등)와 같은 캠페인 사업에 주력한다. 여성에게는 무고죄 수사를 적용하지 말라는 법무부의 지침도 여가부의 주도로 이뤄졌다.

이처럼 페미니즘 논리는 국가정책에 촘촘하게 모세혈관처럼 박혀있다. 약자에 대한 보호라고 여긴 시민들의 선한 의지 탓에 별다른 저항없이 법률과 제도로 자리를 잡은 탓에 사회 전체가 페미니즘 논리에 기반한 '성평등의 오류'에 빠져있다. 이러한 본질적인 문제를 파악하지 못한 상태에서 수십년 동안 견고하게 쌓인 구조를 바로잡는 일은 쉽지 않다.

거대한 기득권이 된 페미니스트 진영은 선의에 기반한 시민들의 지지를 이용해 자신들의 약자를 보호하고 정의를 대변하는 것처럼 여론을 선동한다. 여성가족부의 폐지가 곧 여성혐오이며 여성을 국민에서 배제하는 혐오정치라 비난하는 것이 그 예이다. 여성을 위한 정책은 정부의 각 부처마다 모두 포함되어 있다. 복지, 교육, 고용, 환경, 과학 모두 여성국민이 배제된 사업은 없다. 그런데도 이들은 끊임없이 여성가족부 폐지가 여성혐오이며 국가가 여성을 버렸다는 선동을 멈추지 않는다. 페미니즘이라는 이념을 중심으로 정치권력과 경제적 이익으로까지 결탁한 세력이 시민들의 눈과 귀를 거짓된 말로 가리려 하는 것이다.

특정지역민이나, 남성, 인종 집단 전체를 권리의 수혜 단위로 삼으면 안되는 것처럼 여성 또한 마찬가지다. 권리의 단위는 개인이며 그것이 근대 국가의 기본 원리다. 집단을 권리의 단위로 취급하면 필연적으로 다른 사회구성원에 대한 차별이 일어난다. 이는 갈등을 유발하고 결국 공동체의 결속을 약화시킨다. 여성은 여성 안에서 다 다르다. 남성 또한 마찬가지다. 어떤 집단에 속한 것 자체로 고정불변의 약자 정체성이 부여되지는 않는다. 지금 취약한 상황에 놓인 사람이 있다면 그 취약성 때문에 약자의 처지에 놓이게 되는 것이다. 그러므로 국가가 국민의 취약성을 해결하는 기준은 개별 국민마다 현재 처한 주거불안, 실업, 질병, 빈곤 등의 취약성에 대한 대처이지 어떠한 집단에 소속되었는가 하는 정체성이 아니다.

그러나 여가부는 '여성은 성차별을 당하므로 집단적으로 약자이며 약자에 대한 여하한 지원은 모두 정당하다'는 논리를 바꾼 적이 없다. 애초 '가부장제로 해석하기'라는 페미니즘 논리에 기반했기 때문이다. 헌법이 아닌 페미니즘에 근거한 목적과 사업을 집행하는 이념집단화된 기구, 이것이 오늘날 여가부의 모습이다.

여가부 폐지를 막으려는 이들이 총공세를 펴는 목적은 그들의 선동처럼 여성의 존재가 지워지고 권리가 사라질까봐 두려워서가 아니다. 여가부를 통해야만 할 수 있는 사업이 있는 것처럼 주장하지만 페미니즘 이념주입 사업을 제외하면 그런 사업은 없다. 이들은 이미 산업이 된 페미-비즈니스를 통한 경제적, 정치적 이익추구의 장이 사라지고, 여가부 폐지, 여성할당제 폐지로 인해 정부와 각종 기구 내 회전문 인사로 등용되곤 하던 여성단체 출신들의 정부 내 권력기반 이 사라질까봐 두려워한다.

그러나 여성단체들은 여성의 대변자가 아니고, 여성단체의 이익은 여성시민의 이익이 아니다. 이 집요하고 불의한 저항 을 뚫고 비정상을 정상화하려면, 약자의 가면을 쓴 이익집단 의 목소리에 휘둘리지 않는 정상적인 사회를 만들려면, 여가 부 폐지야말로 필수적인 과업이다. 할당과 특혜를 요구하는 페미니즘은 헌법정신과 함께 갈 수 없는 이념이라는 것과, 검 열과 규제를 요구하는 페미니스트 진영은 자유의 여정에 함 께 할 수 없는 세력이라는 사실에 동의하는 이들이 점점 늘 고 있다. 여가부 폐지에 대한 지지여론 또한 높다.

이 책이 발간될 시점에 여가부의 운명이 어떻게 됐는지는 알 수 없다. 어쨌든 근대적인 법치국가의 원리, 보편적 인권 의 원리, 공정과 상식의 회복을 위해 여가부 폐지는 더 이상 미룰 수 없는 과제이고, 성별 갈등의 시대를 끝내기 위해서 도 여가부는 폐지되어야 한다.

페미니스트 진영의 사운드 바이트

페미니즘 진영이 성별 대결을 조장할 때 자주 쓰는 방식이 여성 피해만을 부각하는 비윤리적 사운드 바이트이다. 사운드 바이트sound bite란 미디어나 정치인이 주장을 핵심적으로 전달하려 뽑아낸 짧고 강렬한 문장을 말한다. 페미니스트 진영이 자주 사용하는 사운드 바이트로는 '여자라서 죽었다', '피해자의 목소리가 증거다', '같은 일을 하고도 여자는 남자의 60퍼센트', '전쟁의 최종 피해자는 여성', '혐오는 아래로 흐른다' 등이 있다. 이러한 구호는 강렬하고, 극단적이며, 논리적 사고를 권장하지 않는 특성을 지닌다. 캐나다의 총리 트뤼도는 취임 후 남녀동수 내각을 구성한 이유에 대해 "지금은 2015년이잖아요!"라면서 당연한 결정임을 부각했다. 그 논리대로라면 2015년이라는 성평등한 시대에 훌륭한 여성총리가 집권해야지 왜 남성인 자신이 총리가 됐는지에 대한 설명이 필요하지만 그런 설명은 없다. 페미니스트 진영은 비윤리적인 사운드 바이트를 통해 끝없이 사회를 세뇌시킨다. 이들의 사운드 바이트가 어떠한 해악을 끼치는지 예를 들어보자.

전쟁의 주된 피해자는 여성?

2016년 트럼프와 맞붙은 대선에서 과거 힐러리 클린턴의 발언이 조망돼 화제였다. "언제나 여성은 전쟁의 가장 주된 피해자다. 여성들은 전투에서 그녀들의 남편과 아버지와 아들을 잃는다.Women have always been the primary victims of war. Women lose their husbands, their fathers, their sons in combat."는 힐러리의 발언은 해당 대목만이 부각돼 소셜미디어에 퍼지면서 군인에 대한 존중이 높은 미국사회 일각에서 비판을 받았다고 한다. 힐러리의 연설은 여성의 피해를 부각하는 것을 목적으로 한 것이지 남성의 희생을 폄하하려는 의도는 아니었다. 1998년 영부인 시절 엘살바도르를 방문했을 때 여성폭력을 종식시키자는 연설에 등장한 문구였지만, 힐러리의 페미니스트 포지션과 여성차별을 내세운 선거운동 전략과 맞물리면서 성차별적인 메시지로 작동했다.

그러나 힐러리 사례와 무관하게 페미니스트들은 실제로 여성이 언제나 가장 주요한, 그리고 최종의 피해자라고 주장해왔고 지금도 주장한다. '전쟁의 가장 큰 피해자는 여성'이라는 사운드 바이트는 그리 드물게 듣는 말이 아니다. 이러한 말이 남성에게 어떻게 들릴지에 대해 이들은 관심이 없다. 페미니스트들에게 기본적으로 장착된 태도는 동료시민을 설득이나 공감을 구해야 할 대상으로 취급하지 않는 것이다. 여성은 언제나 약자이며 피해자이므로 누구라도 여성의 말을 들어줘야 하고, 논박해서는 안 되며, 오직 무조건적 공감만이 필요하다는 게 이들의 논리다.

남성은 전쟁에 동원돼 목숨을 잃는다. 다행히 살아 돌아온다 해도 부상과 전쟁 후유증으로 고통받기도 한다. 어떤 삶은 죽음보다 못하다는 말을 할 수는 있지만 인간에게 목숨을 잃는 것보다 더 크게 취급받는 고통은 없다. 어떠한 보상도 죽음 이전의 삶을 되돌려주지는 못한다. 남성이 죽어나가는 전쟁의 예를 들어 여성이 언제나 주요한 피해자라는 주장은 당연히 남성들의 반발을 불러일으킨다. 전쟁의 미망인도 당연히 고통받는다. 아버지를 잃은 아이, 아들을 잃은 엄마 또한 전쟁의 피해자이며 연민과 구제의 대상이다. 전쟁에서 강간이나 폭력 피해를 당한 여성 또한 마찬가지다. 남성들은 이 고통을 부인하거나 서열을 매기지 않는다. 애초 이 가족들을 지키고 더 나은 삶을 계획하기 위해 전쟁터에 나가기 때문이다.

그런데 페미니즘 논리가 끼어들어 서로에게 향하는 연민을 갈라놓는다. 페미니스트는 전쟁이라는 피해에서 여성의 고통만을 부각하는 것에 대해 비판하면, '전쟁을 일으킨 건 남성이므로 남성 때문에 남성이 죽은 것인데 왜 여자는 잘못한 것 없이 피해를 입는가'라고 반박한다. 병역의 의무를 공동으로 분담하자 요구하면 군대에 끌고가는 건 가부장 남성국가 권력이니 국가랑 싸우라며 일축하는 논리와 일맥상통한다.

전쟁을 일으키고 결정하는 권력과 이에 강제로 동원되거나 자원하는 남성은 같은 존재가 아니다. 그러나 페미니스트 진영은 어떠한 형태로든 결정권을 행사하는 모든 세력 자체를 남성일반과 일치시켜 남성권력이라 칭한다. 이들에게 계급, 자본, 국가 간 경쟁, 인종, 종교 등 분쟁의 원인이 되는 요소들은 알 바 아니다. 전쟁에 끌려가거나 징집의 대상이 되는 남성들은 대부분 하위 계급이라는 사실 또한 알 바 아니다. 힐러리가 국무장관 시절 몇몇 전쟁을 강력하게 지지하고 군사작전에 개입했다는 사실도 고려 대상이 아니다. 오직 '여성에게 고통을 주는 가해자로서 남성'이라는 가상의 남성권력만이 이들의 논리에서는 유효하다.

하루 평균 5명씩 사망하는 산재 사고 중 중대재해 사망자는 대부분 남성이다. 최근 발생한 여천 NCC폭발사고 현장에서도 한달 된 아이의 아빠와 예비신랑이 사망해 안타까움을 더했다. 페미니즘 논리대로라면 중대재해처벌법은 이들 노동자의 사망이 아니라 남겨진 아내와 아이에게 고통을 주기 때문에 제정되어야 할 것이다. 여성이 전쟁 때문에 남편을 잃고, 아버지를 잃고, 아들을 잃기 때문에 전쟁의 가장 큰 피해자라면, 앞으로 살인이라는 죄는 누군가를 죽인 데 대한 벌이 아니라 살해당한 남성의 아내나, 엄마, 아이에게 고통을 준 죄로 처벌받아야 할 것이다. 사람을 살해한 자체보다 남편이나 아버지의 죽음으로 홀로 아이를 키우고, 생계를 책임져야 하는 여성에게 고통을 준 죄가 더 크니 그 죄로 처벌받아야 하지 않는가? 페미니즘 논리대로라면 형벌체계도 이렇게 작동해야 한다. 이것이 논리가 아니라는 건 누구라도 안다.

사회를 이간질시키는 사운드 바이트

전쟁에 동원되는 남성과 이들의 죽음과 부상으로 고통받는 여성은 모두 전쟁의 피해자다. 이 당연한 현실을 도외시하고 대결을 부추기는 건 바로 페미니스트 진영이다. 이들은 서로 충분히 동의하고 연민할 수 있는 고통에 대해 여성과 남성을 이간질해 갈라놓는다. 고통에 서열을 매기고, 여성의 고통만을 부각해서 이들이 얻으려는 건 여성은 약자라는 그

룻된 페미니즘 이념의 지속과 여성에 대한 배타적인 보상이다. 권력화된 페미니스트 진영은 끝없이 여성피해 서사를 발굴해서 이를 영속적인 것으로 박제시킨다. 여성들의 피해의식을 부추겨 동의를 이끌어 내야만 자신들의 이념과 권력이 공고해지기 때문이다.

이러한 전략에 동원되는 페미니스트 진영의 비윤리적인 사운드 바이트가 끼친 해악은 크다. 전쟁의 참혹함에 대한 인식보다 여성 피해를 우선하는 일은 참전군인에 대한 존중이 부족하다고 느끼게 한다. 남성의 희생을 사회와 가족을 위한 고귀한 행위가 아닌 오직 여성에 대한 가해행위로 규정되도록 이끈다. 남성 일반을 가해집단으로 만들어 적대를 부추기고 사회의 통합을 해친다. 동료시민을 연대와 연민의 대상이 아닌 가해자와 피해자 집단으로 갈라놓는다. 앞서 언급한 선정적인 구호들, '여자라서 죽었다', '피해자의 목소리가 증거다', '같은 일을 하고도 여자는 남자의 60퍼센트', '전쟁의 최종 피해자는 여성', '혐오는 아래로 흐른다' 등도 마찬가지다. 이러한 구호는 현재 우리 사회의 성별 갈등을 일으키고 지속시키는 주요 원인으로 작동한다.

페미니스트 진영은 합리적인 검증이나 논증 대신 선정적 구호를 주창하고 사회에 강제로 주입해왔다. 이러한 사운드 바이트를 통해 여성과 남성을 이간질하고, 사회의 합리적인 분배 체계를 교란시킨다. 서로의 고통을 충분히 이해하고 공감하면서 해결책을 모색하는 길을 방해한다. 페미니스트 진영이 구조적 성차별이 존재한다고 주장하는 단골 근거는 세계경제포럼WEF이 발표하는 성격차지수 108위(해마다 조금씩 차이가 있지만 대체로 100위권 밖)라는 순위이다. 그동안 여성가족부와 페미니스트 진영은 성격차지수GGI 하위권을 앞장세워 한국이 여성차별국가라 주장해왔다. 한국은 과연 세계 108위의 성차별 국가일까?

성 격차지수와 성평등 지수의 진실

한국은 성 격차지수 순위에서 해마다 100위권대를 기록하고 있다. 2020년에는 153개국 중 108위, 2021년에는 152개국 중 102위다. 선진국 반열에 올랐고 경제 규모 세계 10위인 나라 치고는 불균형적인 수치다. 합리적인 사람이라면 이 숫자를 보고 의문을 가질 수밖에 없다. 경제적으로나 정치적으로 불안정한 국가들이 한국보다 상위권에 다수 배치되어 있기 때문이다.

성 격차지수는 성별 격차만 비교하므로 격차가 적을수록 상위, 격차가 크면 하위에 배치된다. 만일 남녀 모두 똑같이 교육수준이 낮거나, 똑같이 높은 경우 변별력 없이 상위권을 차지할 수 있다는 의미이다. 이것을 이해하면 르완다, 필리핀, 남아공 등의 국가가 왜 세계 6위, 8위, 19위 등의 상위권을 차지하는지 이해할 수 있다.

한국은 교육수준, 질병과 건강 등의 지표에서 격차가 거의 없지만 정치인 비율, 고위임원 비율에서 여성이 낮아 하위권에 위치한다. 이런 요소 때문에 성 격차지수는 성차별 정도를 판단하기에는 부적절하다는 반론이 꾸준히 나왔음에도 페미니스트 진영은 여전히 세계 100위권이라는 선정적 숫자에 기대 비윤리적 선동을 하고 있다.

자신의 사회적 발언에 조금이라도 책임의식이 있는 사람이라면 내전으로 남성들이 죽어 여성들이 정치와 경제활동에 나설 수밖에 없는 국가, 남녀 모두 교육의 기회가 낮은 국가들보다 한국이 100위권 밖 수준으로 성차별이 심각하다는 주장을 펴지는 않을 것이다. 조금만 관심을 기울이면 해당 통계의 근거가 되는 항목과 산출기준에 대한 정보들도 쉽게 알 수 있다. 그러나 여성가족부와 페미니스트 진영은 성 격차지수를 이용해 한국이 세계 최하위권의 성차별 국가라는 선동 행위를 지속하고 있다. 무책임하며 비윤리적인 행태이다.

우선 필자는 세계 몇 위라는 순위로 성평등, 성차별 여부를 판단하는 통계를 유효하게 생각하지 않는다. 판단을 하는 데 참고하는 수준으로 활용할 뿐이다. 가령 임금수준이 높고 보육지원이 잘 되는 국가에서 여성들이 경제활동보다 육아에 전념하는 선택을 더 많이 한다고 할 때, 외부적인 데이터로는 여성의 경제활동 참여가 낮으므로 성차별 국가로 평가될 수 있다. 그러나 여성들이 자발적으로 전업주부를 선택하고 그 삶에 가치를 두고 만족한다면 성차별국가라 할 수는 없을 것이다. 통계에는 이러한 함정이 있으므로 어떠한 사안을 판단하는 데에 보조적 자료로 쓰더라도 자의적인 해석이나 왜곡에 대해서 늘 경계하는 것이 사회적 발언을 하는 사람이 갖춰야 할 책임있는 태도다.

성 격차지수와 달리 유엔개발계획UNDP에서 선정하는 성불평등지수GII를 보면 한국은 2020년 기준 189개국 중 11위, 아시아 1위이다. 해마다 이 순위를 비슷하게 유지하고 있다. 그러나 페미니스트 진영은 이 통계를 이야기하지 않는다. 한국의 정부 또한 마찬가지다.

통계 왜곡과 비윤리적 사운드 바이트

기이한 현상이 하나 있다. 국제기구로부터 어떠한 분야가 미흡하다는 지적을 받으면 정부는 이에 대해 오해라든가, 사실과 다르다든가 하는 해명을 한다. 예를 들어 ILO에 정부 대표와 노동계 대표가 함께 참석하면 노동계 대표는 한국이 노동차별 국가라는 근거들을 고발하고, 정부는 그게 아니라고 해명하며 기싸움을 벌이는 게 의례적인 현상이다. 정부는 국제사회에 후진국이라는 오명을 쓸까봐 적극적으로 해명하고 잘한 일을 부각한다.

그러나 유독 여성 관련 분야에 대해 정부는 언제나 저자세다. 여성의 날만 되면 정부의 관료들은 '한국은 성평등 후진국이다, 아직도 미흡하다, 매우 부끄러운 수준이다'라며 번번이 여성단체 앞에서 사과한다. 세계 10위, 아시아 1위라는 성적표를 받아들고도 끊임없이 부끄러워하는 이 기이한 현상은 무엇 때문일까? 자국 정부가 잘한 일에 대해 스스로 밝히지도 않고, 의미를 축소하거나 부끄럽다고 말하는 정부의 행태를 보면 페미니스트들의 반복적인 사운드 바이트 세뇌가 사회 전반, 특히 정치권에 꽤 효과적으로 작용했음을 알 수 있다. 여성단체가 특정 통계치를 선택적으로 이용해 끝없이 한국은 성차별국가라고 주장하니, '약자인 여성의 목소리를 충실히 들어주는 정의로운 정부' 역할에 충실해야 하는 관료들은 이러한 통계를 검증하거나 개선하려는 노력은 하지 않고 그저 일방의 목소리를 사실로 받아들여 공표한다. 개인 차원에서 '스윗남'들의 행동이 정부 차원에서는 이러한 형태의 '스윗함'으로 발현되는 것이다.

고용노동부는 성별임금격차의 통계에 영향을 미치는 중요한 변수들(노동시간의 차이, 직종별 임금의 차이, 공공부문 미반영 등)이 현재는 누락되어 있으므로 더 정확한 통계를 내겠다고 말하지 않고, 여성가족부와 여성단체는 성 격차지수란 단순한 격차를 보는 것으로 차별의 판단 지표로는 부적절하다는 말을 하지 않는다. 성 격차지수가 구조적 성차별의 근거라 주장하려면, 유엔개발계획이 발표한 아시아 1위, 세계 10위권의 성평등국가라는 데이터 또한 구조적 성차별을 타파한 근거로 인정해야 할 것이다.

그러나 아시아 1위, 세계 10위의 성평등국가라는 유엔기구의 통계를 인용하며 한국사회의 구성원들이 얼마나 짧은 기간에 성차별한 제도와 문화를 타파했는지, 성평등이라는 과업이 한국에서 중요한 문제로 인식되었으며, 이 과업을 훌륭하게 완수한 국가인지 자랑스러워하는 페미니스트를 본 바가 없다.

여기에서 페미니스트 진영의 선택적 통계왜곡과 비윤리적 사운드 바이트의 해악을 다시 한번 확인할 수 있다. 이들은 무엇이 실제 문제인지, 사회구성원들에게 닥친 취약함이 무엇인지에 대한 해결책을 찾기보다 선정적인 구호로 성차별국가라는 낙인을 먼저 찍는다. 이는 여성에 대한 배타적 지원을 요구하는 결론으로 도달한다.

정치권에 여성정치인이 소수여서 대다수 여성들이 불행한가? 기업의 고위 임원에 여성의 비율이 적다는 사실(이는 하부구조가 바뀌면서 점차 변화하는 중이다) 때문에 여성들이 불행한가? 그렇지 않다. 여성이든 남성이든 저임금의 불안정한 일자리에 머물러 있다면, 주거의 문제가 해결되지 않으면, 그 취약함 때문에 불행하다. 사회구성원들의 취약성에 대한 대처가 정치가 집중해야 할 문제다.

그러나 페미니스트 진영의 '세계최하위 성차별국가'라는 사운드 바이트는 여성들 각자의 삶 앞에 놓인 개별적 취약함보다 집단적 개념으로 불행서사를 조장해 여성의 불행과 해결책을 왜곡한다. 어떤 국민이 우리가 경제적 후진국인 내전 국가보다 불행한 사회라는 데에 동의하겠는가? 개별적 삶에서 느끼는 주관적 불행도는 비교가 불가능하지만 이런 식의 선동은 남성들에게 '그렇다면 르완다나 필리핀 같은 성평등 선진국가에서 살라'는 조롱을 양산한다. 이는 또 한 번 성별갈등의 원인이 되고 페미니즘에 대한 사회적 반감의 누적으로 작동한다.

5

근대적 가치와 문명의 붕괴

페미니즘 성(性) 정치가 불러온
반문명적 퇴행들

오늘날 페미니즘은 젠더폭력, 젠더권력, 젠더정치, 젠더플루이드 등의 용어를 자주 사용한다. 사회에서 규정한 남성과 여성이라는 성별을 해체하고, 인간을 생물학적 성^{sex}으로 구분하는 관습과 제도에 저항한다는 의미이다. 페미니즘은 생물학적 성^{sex}에서 사회적 성^{gender}으로 여성이라는 개념의 위치를 이전시키는 데 주력했다. 고유한 여성성, 남성성이란 없으며 여자는 태어나는 것이 아니라 만들어진다는 것이다.

　젠더라는 개념은 얼핏 듣기에 여성과 남성이라는 성별 모두의 억압을 깨고 해방시키려는 운동으로 보이기도 한다. 그러나 페미니스트는 젠더폭력이나 젠더정치라는 개념을 명료하게 설명하지 못한다. 〈여성폭력방지기본법〉이 국회 여성가족위원회와 법사위원회에 상정되었을 때의 회의록을 보면, 이 법안을 입안한 여성가족부 차관도, 장관도, 여성운동가 출신 국회의원 누구도 젠더개념을 설명하지 못한다. 결국 "그러니까 여성폭력 방지하자는 것 아닙니까?"로 귀결되었고, 법안 이름도 젠더폭력방지기본법에서 여성폭력방지기본법으로 바뀌었다. 여성폭력이라는 개념은 법조문에 "성별에 기반한 여성에 대한 폭력"으로 정의된 채 통과되었다.

젠더폭력방지기본법은 결국 여성폭력방지기본법이 되었고 이 법에 근거해 여성폭력방지위원회가 만들어졌으며, 남녀모두가 가해자가 될 수 있는 데이트 폭력이나 스토킹도 오직 여성폭력으로 정의되었다. 젠더폭력의 하나라고 주장하던 데이트 폭력 방지 공익광고에 남성과 여성 모두가 가해자로 등장하자 페미니스트들은 반발했다. 여성이 가해자로 묘사되면 이들은 젠더개념을 이해하지 못한다며 비난한다. 반면 남성을 나쁜 짓의 행위자나 상징으로 묘사하는 표현에는 어떤 페미니스트도, 남성 자신들도 문제제기하지 않는다.

페미니스트 진영에서 이러저러한 설명을 시도함에도 오늘날 '젠더'라는 개념은 '여성만의 이익에 복무하는 페미니즘 운동의 다른 이름' 정도로 받아들여진다. 젠더라는 개념을 내건 운동들이 결국 생물학적 여성의 이익에 기여하는 쪽으로 귀결되기 때문이다.

gender에서 다시 sex로

생물학적 성차를 기준으로 한 제도적 차별이 존재했을 때는 sex to gender 운동이 주효했다. 여자는 참정권이 없었을 때, 여자는 유산 상속권이 없었을 때, 여자는 운전면허를 발급받을 수 없을 때, 여자는 공공장소에 입장할 수 없을 때, 생물학적 성차를 해체하는 운동이 필요했다. 지금도 이 단계의 운동이 필요한 국가들이 존재한다.

제도와 별개로 관습적 억압에 대해서는 사회적 성gender 논리로 맞섰다. 교육과 고용에서의 노골적인 배제관습이 존재하고, 여자는 순결해야 하고 순종적이어야 한다는 등 여성성에 대한 사회적 억압 때문에 고유한 개인으로서 사람이 아니라 사회에서 원하는 '여성'으로 길러진다는 주장이다. 젠더개념은 이러한 관습을 바꾸는 데 동원되었다.

그러나 제도적 차별이 사라지고 관습적 억압도 희미해진 지금 페미니스트는 운동의 성공을 자축하며 종료를 선언하지 않는다. 지구상에서 가장 성평등한 국가라는 북유럽에서도 페미니즘 운동은 종료되지 않는다. 오히려 더 많은 억압이 존재한다고 주장한다. 그것은 너무나 교묘하고 미세해서 공기처럼 보이지 않고 미처 인식하지 못한다는 것이다. 페미니스트들은 제도적 차별은 없다해도 여전히 남성은 더 많은 임금을 받고, 여성은 소수만이 고위직에 도달하며, 여성적으로 되기(코르셋, 성상품화, 성적대상화, 성적도구화)에 시달린다고 주장한다. 이러한 주장들은 곧잘 데이터와 논리로 반박되지만 데이터가 아닌 감각의 영역에서 주장되는 피해는 과학으로 설득되지 못한다. 아마도 이 운동은 남자와 여자라는 성별이 존재하는 한 영원히 지속될 것 같다.

sex to gender를 주장했던 페미니스트는 이제 성기 중심의 생물학적 성차sex를 내세우고, sex와 gender를 상황마다 선택적으로 적용한다. 적용방향은 늘 여성에게 이익이 되는 쪽이다. 일정한 신체능력이 요구되는 직종에서 여성에게는 체력검증 기준을 차등화하라고 요구한다. 신체능력의 차이를 동등하게 적용하는 것은 여성의 본래적 특질을 고려하지 않은 차별적 조치이며 기회의 평등 면에서 여성을 배제한다는 주장이다. 공기업, 사기업을 막론하고 직업 영역에서 여성은 야간 당직업무나 험지 순환근무에서 제외되며 여성들은 이러한 열외를 당연히 여긴다.

성범죄 사건에서 여성의 주체적 결정력에 대한 의문이 제기될 때면 여성은 그루밍과 가스라이팅에 취약한 정서적 연약체임을 내세우거나, n번방 사건의 수사에 전원 생물학적 여성들만을 투입하라고 요구하기도 한다. 숙명여대의 페미니스트들은 남자에서 여자로 성전환한 여성은 여성이 아니고, 남성이라는 본래적 성별은 바뀔 수 없다며 트렌스젠더

학생의 입학을 막았다.

성범죄를 포함한 성폭력은 특히 남성들이 방어할 수 없는 영역이 되어가고 있다. 페미니스트 진영은 성범죄가 성차별의 결과라고 주장한다. 사회의 변화와 범죄양상의 추세를 과학적으로 분석해 예방과 대처에 주력하기보다는 유해한 남성성toxic masculinity을 공격한다. 여성에 대한 폭력의 기저에 '유해한 남성성'이 있다는 것이다. 공격적, 폭력적, 충동적이며, 타인을 억압하고 지배하려는 속성들이 유해한 남성성으로 규정된다. 남성 일반의 유전적 속성이 유해하다면 우리는 남성을 태어나지 않도록 하는 것 외에 어떤 해결책을 가질 수 있을 것인가?

페미니스트는 성평등 교육, 또는 페미니즘 교육 의무화를 해결책으로 제시한다. 전 생애에 걸쳐 페미니즘 교육(페미니스트가 주장하는 성평등 교육과 페미니즘 교육은 다르지 않다)을 받게 해 내재화된 유해한 남성성을 교정하면 해결된다는 것이다. 유해한 남성성을 해결해야 성폭력과 성범죄가 사라진다는 전제에서 남성은 존재 자체로 교정하고 개조해야 할 대상이 된다. 인종차별주의와 우생학의 뿌리 또한 이러한 논리에서 시작한다. 이것은 근대 인권의 논리에서 매우 엄중하게 다루어야 할 위험한 주장이다.

사회적 성이든 생물학적 성이든 페미니즘은 여성에게 이

로운 것을 선택적으로 취한다. 제도적, 문화적 차별이 사라진 사회에서 이들에게 유용한 도구는 생물학적 성性이다. 여성과 남성이라는, 힘과 성본능, 기질적 차이를 지닌 다른 성별이 존재해야만 페미니즘은 이를 동력으로 삼아 권력을 가질 수 있다. 제도적 평등이 자리한 나라에서도 페미니즘이 운동의 종료를 선언하지 않는 이유다.

페미니스트들이 붕괴시킨 프라이버시 장벽

페미니스트는 "모든 개인적인 것은 정치적인 것"이라며 사적 영역을 정치의 영역으로 포섭해왔다. 인간의 행위와 사회구성원들 사이의 상호작용은 모두 구조화된 억압(가부장제) 아래 놓여있으므로 온전히 개인적인 행위란 없다는 것이다. 정치의 영역이 되는 순간 모든 행위에는 정치적 압력과 권력 논리가 작동하고, 공적 규제의 명분이 주어진다. 성은 인간의 가장 내밀한 영역이었으나 페미니스트에 의해 현재 가장 뜨거운 공적 권력투쟁의 장이 되었다. 이 장에서 승자는 페미니스트와 여성들이다.

리얼돌 반대 사례를 보자. 리얼돌은 성인을 위한 합법적 섹스도구이다. 페미니스트들은 리얼돌 제작과 유통을 반대하기 시작했다. 대법원은 리얼돌의 수입유통은 합법이라는 판결과 함께 '개인의 사적이고 은밀한 영역에 대해서 국가의 간섭은 최소화되어야 한다.'고 명시했다. 그러나 여성가족부와 경찰청은 여성단체와 페미니스트의 반발을 수용해 수입을 금지하고 있다. 사법부의 최종 판단도 페미니스트의 위력을 이기지 못하는 형국이다. 성性을 매개로 한 권력투쟁의 장에서 페미니스트는 절대적 우위를 점하며 승리의 기록을 쌓고 있다.

리얼돌을 금지하라는 페미니스트들의 주장은 명료하다. 리얼돌 사용은 곧 강간연습이라는 것이다. 연습은 실천으로 이어질 것이므로 리얼돌을 허용하는 것은 여성에 대한 강간을 용인하고 장려하는 것이라고 주장한다. 이는 남성성인들의 리얼돌 이용권리를 빼앗자는 것인데 아무런 권리논증이 없다.

페미니스트들이 도입하고자 노력하는 비동의강간죄 또한 마찬가지다. 강간의 정의를 '폭행과 협박을 이용한 강제성교'가 아닌 '동의받지 않은 섹스'로 바꾸겠다는 것이다. 물리적 폭행과 위협이 없다해도 미성년자와 장애인, 지배적 신분 관계에서 섹스는 지금도 형사처벌의 대상이다. 그러나 페미니스트들은 더 많은 섹스를 강간으로 정의해 처벌하라고 요구한다. 폭행과 협박이 없고, 신분상의 권력관계도 없는 성인남녀 사이에 비동의 의사를 표현할 수 없는 항거불능이란 어떤 경우를 말하는가? 결국 남는 요소는 남자와 여자라는 생물학적 조건의 차이다. 성별 자체가 위력이라는 성별 신분 논리를 펴는 것이다.

관계라는 상호작용에서 상대방을 불쾌하게 하지 않으면서 거절하려는 마음, 직설적인 말로 상처주지 않으려는 선의는 소중한 태도다. 그러나 이제 배려, 은근함, 자연스러움, 무드와 같은 단어는 성관계의 스펙트럼에서 설 자리가 없다. 여성의 신호를 알아채지 못함이 눈치 없음이 아닌 성범죄로 단죄되는 세상에서는, 여성은 예스 또는 노라고 정확하게 말하고, 남성은 예스와 노 외에 어떤 신호도 예단하지 않아야 하는 성관계시 행동준칙만이 남을 뿐이다. 그러나 이 준칙을 어겼을 때 맞닥뜨릴 결과는 여성과 남성이 같지 않다. 남성 앞에는 형사처벌이라는 위협이 기다린다.

오늘날 페미니즘은 개인의 가장 사적인 영역에 국가권력의 개입을 요구한다. 주체적 행위자이며 권리의 단위인 근대적 개인은 사라졌다. 더 나아가 강간범죄와 성인물 소비를 구분할 줄 알고, 리얼돌과 실제 사람을 구분할 줄 아는 근대적이고 이성적인 인간에서 남성을 배제한다.

남성뿐 아니라 문명화된 법치국가에서 살아가는 시민들은 범죄행위와 판타지를 구분한다. 성인물에는 강간 판타지 섹션이 대부분 존재한다. 강간이 판타지로 존재할 수 있는 자체가 문명화의 증거이며, 이를 판타지라 명명할 수 있는 것도 우리가 문명화되었기 때문이다. 모든 개인적인 것은 정치적인 것이라면 국가가 집집마다 카메라를 설치해 강간범죄를 감시하고 적발해내는 일은 왜 허용할 수 없는가? 프라이버시의 쇠락은 위선과 전체주의의 토양이 된다. 이는 우리가 일군 문명의 퇴행이다.

남성에 대한 혐오, 유해한 남성성

근대적 자유와 권리를 쟁취하는 투쟁에서 해방의 동반자였던 남성은 오늘날 혐오의 대상이 되었다. 제도적 평등이 자리 잡은 근대법치국가에서 여성들의 권익을 위한 운동이 힘을 발휘하는 영역은 범죄와 문화이다. 특히 성범죄는 여성들의 피해 가운데 극단적 사례들이 존재하므로 규제와 처벌에 손쉽게 대중적 동의를 구할 수 있다. 성범죄의 특수한 부각은 남성 일반을 잠재적 가해자, 잠재적 성범죄자로 규정하는 오류를 범한다. 남성성이라는 특질은 유해한 것으로 규정돼 욕구 자체가 혐오와 규제, 교정과 억압의 대상이 되며 이를 당연시한다. 이 결과 남성을 반문명적인 존재로 혐오하는 문화가 자리 잡았다. 남성의 욕구에 대해서는 어떠한 타협도 하지 않으려 하며, 남성의 욕구를 수용하는 것은 곧 남성지배의 강화라 비난한다. 남성의 성적 욕망은 방어하기 힘든 영역이 되었다.

젠더감수성, 성인지 감수성, 성상품화, 성적대상화, 피해자중심주의와 같은 개념은 문화적으로 여성운동에 정당성을 부여하고 있으나 사실상 명확하게 개념화할 수 없고, 권리로서 논증되지 않은 개념들이다. 그럼에도 이를 명문화된 처벌과 규제의 영역에 기준으로 적용하려는 데서 갈등과 진통이 일어날 수밖에 없다.

한국은 유교 바탕의 문화적 규범과, 해방 후 들어온 기독교의 청교도적인 문화 규범이 한 번도 도전받지 않아 왔다. 성적 자유의 물결은 잠시 불었다 사라졌다. 성적인 것을 죄악시하고 비천하게 보는 금기의 감정 위에, 여성을 가부장적 사회에서 성적 착취 피해자로 규정하는 페미니즘이 만나게 된다. 유교, 기독교, 페미니즘이라는 세 영역의 금기가 연합해 성윤리의 기풍으로 자리 잡았다. 셋 중 어느 하나만 받아들여도 성적 규제에서는 같은 결론을 지지하고 실천하게 되므로 막강한 힘을 발휘한다.

여성의 주체성을 외쳤던 페미니스트들은 여성을 보호의 대상으로 규정하고 성적자기결정권을 행사할 수 없는 주체로 묘사한다. 빅팀 페미니즘victim feminism은 여성운동의 강력한 무기로 사용되며, 극단의 사례들을 부각해 개인의 자유권을 축소하고 규제의 정당성을 옹호한다. 거역할 수 없는 사례들 앞에서 자유의 견해는 위축된다. 자유의 제한은 오직 자유의 확대를 위해서만 허용된다는 오랜 원칙이 권리 논증

없이 왜곡되고 있다.

오늘날 페미니즘이 주도하는 성정치는 우리에게서 자유의 감각을 앗아가는 중이다.

* 2020년 10월 29일 광화문 갤러리 에무에서 진행한 〈성의 정치학〉 심포지움 발제문을 보완함.

관세청 앞에서 멈춘 프라이버시 권리

2019년 대법원에서 리얼돌에 대한 수입을 허가하라는 첫 판결이 난 후 관세청은 해당 수입업체의 모델에만 통관을 허용했다. 그러나 통관을 보류한 과정에서 상품으로 사용할 수 없게 돼 수입 리얼돌이 국내에 유통되지는 못했다고 한다. 관세청은 여전히 리얼돌을 국내에서 팔고 싶으면 개별적으로 대법원의 판결을 받아오라는 입장을 고수하고 있다. 여가부는 보호를 위해서 규제도 불사하겠다 한다. 관세청과 여가부의 위헌적인 아집이 만든 부조리는 여러 가지다.

   1. 사법부의 최종판단을 행정부가 이행하지 않는 삼권 분립
      원칙 위반의 상황

2. 같은 상품에 대해 국내에서 제조한 리얼돌은 유통이 되고
   수입산은 금지되고 있는 상황

3. 수입 불허로 해외업체가 오히려 국내에 생산시설을
   만들게 하는 상황

4. 대법원 판결이 났으므로 질 게 뻔한데도 소송을 반복해
   국민의 세금을 낭비하는 상황

5. 행정기관이 여가부의 눈치를 보며 국민의 성풍속을
   통제하는 상황

6. 인공지능, 휴머노이드 등 미래산업 육성으로서
   중요한 면을 간과하는 상황

관세청은 이러한 비난에도 태도를 바꾸지 않고 있다. 대법원 판결을 받은 사안에 대해서 동일한 재판을 계속하는 것은 부적절함을 인정하면서도 리얼돌만큼은 인권침해와 성범죄 조장의 혐의가 있다는 여론에 따라 통관을 계속 보류하겠다는 것이다. 관세청이 말하는 여론은 여가부와 여성단체 등 페미니스트 진영의 반대다. 그러면서 부적절한 측면은 있으나 적법한 절차를 지키고 있다며 궁색한 논리를 편다. 일각에서는 대법원이 판결한 건에 대해서는 유통을 허용하고 있으므로 사법부의 판단을 위반하는 것은 아니라고 주장한다. 과연 그럴까?

관세청과 여가부의 법치주의 기만 행위

리얼돌에 대한 규제를 주장하는 기본소득당 용혜인 의원 등은 "관세청이 대법원 판결을 어기고 있다는 주장은 거짓이다. 확정판결을 받은 개별 품목에 대해서는 통관을 허용하면서 개별적 소송은 진행 중이다."라고 한다. 관세청과 용혜인 의원의 주장처럼 소송에서 패소한 품목은 통관을 허용하므로 문제가 아니라고 하는 견해는 어떤 면에서 틀렸고 잘못됐는가?

문재인 전 대통령은 취임한 후 정부가 소송의 당사자가 되는 사안에서 패소한다면 항소하지 말라고 지시했다. 국민을 상대로 국가의 항소권리를 남용하지 말라는 취지에서다. 수년째 관세청이 납득할 수 없는 아집으로 낭비하고 있는 소송비용은 모두 국민의 세금이다. 또한 수입업체를 운영하는 자영업자들에게 국가의 항소권 남용은 사업운영에 타격을 입혀 재산상의 피해로 이어진다.

2019년 대법원 판결이 있고 난 후 당연히 통관을 예상한 업체들은 리얼돌 수입을 시도했다. 언택트 시대, 1인 가구의 증가, 첨단기술의 집약체, 성기구 산업의 다양화와 발달 등으로 관련 산업의 수요는 꾸준히 증가추세라고 한다. 그러나 시대에 역행하는 관세청의 금지로 창고에 보관된 채 통관을 기다리는 리얼돌은 1,000건을 넘어선 상황이다. 국가의 항소권을 남용하지 말라는 정부의 방침을 위반하면서 일일이 개별소송을 하게 해 정부기관으로서 권한을 남용하고 있는 것이다.

또한 법치주의 위반이 아니라는 주장 또한 틀렸다. 일각의 주장처럼 개별소송을 하는 것이 원칙이라는 주장에서 원칙은 어떤 원칙을 말하는가? 보통 일반적 성격을 갖는 판결이 사법부의 최종판단으로 나오면 행정부는 같은 사안에 대해서는 개별소송을 하지 않는다. 어차피 소송경제상 낭비이고 대법 판례에도 불구하고 계속 부인하면 손해배상의 여지도 있기 때문이다.

예를 들어 어떤 식재료가 식품위생법에 어긋난 혐의가 있어 영업정지를 시켰는데 실제 조사해보니 어긋나지 않아 처분이 취소가 됐다. 그럼 동일한 재료를 사용해 제작한 다른 업체의 식품을 구입하는 업소는 계속 영업정지 처분 취소를 구해야 하는가? 법치주의 국가에서 이는 합당하지 않다. 이처럼 사법력과 행정력을 낭비하지 않도록 하는 법치행정의 원칙이다.

관세청의 대처에 대한 비판 논점은 판결난 품목은 허용했으니 문제가 아니라는 측면에서의 적법 여부가 아니다. 이러한 관세청의 변명은 스스로 일반적인 법치행정의 원칙을 위배하는 잘못된 행위를 지금까지 하고 있다는 실토에 해당한다. 형식논리를 통해 법치주의 원칙을 위반하고 있는 자신의 행위를 가리려는 부적절한 대처일 뿐이다. 다른 성인용품의 경우 일반적으로 수입을 허용하므로 성인용품점에서 판매한다. 만일 관세청이 음란물, 풍속저해 등의 기준에 일관성을 가지려면 수입업자들의 성인용품마다 대법원 판결을 구해 판례로 허용된 물품만 통관시켜 판매해야 할 것이다. 그러나 성인용품에 대한 일반적 통관기준이 정착되어 있으므로 그렇게 하지 않는다. 이게 법치행정의 원칙이기 때문이다. 지금 자유롭게 판매되는 성인용품과 리얼돌은 다를 바가 없다.

법치 위의 페미니즘

최근 대법원이 내린 한 판결은 리얼돌 규제 사태에서 또 다른 우려를 낳는다. 2021년 민유숙 대법관은 기존의 대법원 판례를 깨고 리얼돌 규제 판결을 내린다. 민유숙 대법관은 머리를 제외한 크기 약 150㎝, 무게 17.4㎏의 리얼돌이 아동형상이라며 통관을 금지한 관세청의 손을 들어주었다. 160㎝ 정도의 키를 가진 리얼돌을 두고 "물품의 전체 길이와 무게는 16세 여성의 평균 신장과 체중에 현저히 미달하고 여성의 성기 외관을 사실적으로 모사하면서도 음모의 표현이 없는 등 미성숙한 모습으로 보인다"고 규정했다. 이런 외향을 보면 아동을 성적 대상으로 취급하는 인식이 만들어지고, 아동에 대한 '잠재적' 성범죄 위험성을 증대시킬 우려가 있다는 것이다.

수많은 국가에서 리얼돌이 소비되지만 리얼돌 이용으로 아동에 대한 성범죄가 늘었다는 데이터도, 일어나리라는 예측을 입증하는 데이터도 존재하지 않는다. 또한 16세 여성의 평균 신장과 체중은 그야말로 평균치일 뿐, 성인 여성들 다수도 150㎝~160㎝ 정도의 신장에 해당한다. 리얼돌은 운반과 이용에 편리하도록 경량화되고 있다. 이는 리얼돌이라는 '제품'의 특성을 도외시한 채 과학적 근거나 권리 논증 없이 주관적 기준을 법규범으로 제시한 것이다.

해당 판결은 이미 판례로 고정된 리얼돌 통관을 어떻게든 막기 위한 변형된 꼼수 규제의 혐의를 벗기 어렵다. 입법으로 제정된 바도 없고, 전원합의체에 올리지도 않은 채, 주관적 인상비평 수준을 근거로 아동리얼돌이라 규정해 금지하는 것은, 사법부의 최고 권위를 가진 대법관의 판결이라 하기에 절차도 허술할 뿐 아니라 규제의 정념이 만들어낸 판결이다.

민유숙 대법관은 젠더법연구회 회장 출신으로, 여성이며 젠더감수성을 갖추고 있어 대법원의 다양성 추구를 위해 임명됐다는 평을 받은 인물이다. 젠더법연구회는 여성판사들이 주도해 만든 조직으로 법원 내 성평등과 성범죄에서 피해자 입장에서 바라보는 성인지 감수성이 필요하다고 주장한다. 대부분 여성법관들로 구성되어 있다. 젠더라는 개념이 명확하게 정립되지 않았음에도 한국사회에서 '젠더'라는 용어는 이처럼 계속 확산 중이다. 이 또한 페미니즘에서 도출된 개념인데 국가기관이 검증없이 수용해 사법부는 증거가 아닌 성인지 감수성으로 재판을 한다는 비난까지 듣고 있는 상황이다. 젠더법연구회 출신은 성범죄 사건에 더 전문적이라는 근거없는 논리 또한 통용되고 있다.

다시 관세청으로 돌아가보자. 관세청은 여가부와 법무부, 경찰청 등에 문의하겠다며 통관규제를 정당한 조치라 항변한다. 행정부의 잘못을 법원이 교정했으면 거기에 따라야 하는 것이 삼권분립의 원리다. 이를 다른 행정기관에 문의하여 법원 판결을 어기는 관행을 지속하는 근거로 삼는다는 것은 권력분립의 원칙을 완전히 잘못 이해한 것이며 법치주의를 위반하는 심각한 행위이다. 우리나라 권력분립 구조에서 최종적 권위를 가지는 대법원 판결이 나왔는데 왜 행정부 소속의 집단에 결정권을 넘기는가?

이 행위가 심각한 이유는 법보다 주먹(페미진영의 위력)에 굴복해, 법적 근거 없이 단지 목소리 큰 세력이 주도하는 여론에 밀려 국민이 응당 받아야 할 기본권의 구제를 행정부가 방치하고 기만하는 것이기 때문이다. 대법원의 판결처럼 성인용품은 타인의 권리를 침해하지 않을 뿐 아니라, 성인에게는 성인용품을 사용할 자유와 권리가 있고, 국민의 사적인 영역에 대한 국가의 간섭은 최소화되어야 한다. 관세청의 행위는 페미니즘이 법 위에서 법치를 유린하는 우리 사회의 현실을 보여준다.

극우포퓰리즘이라는
부당한 낙인을 넘어

여성가족부 폐지와 이에 대한 2030 남성들의 전폭적인 지지를 두고 극우포퓰리즘, 여성혐오, 성별 갈라치기와 같은 심한 비난이 따라붙는다. 여가부의 폐지를 원하는 남성시민들은 이를 공정한 사회와 진정한 성평등을 이루는 길이라고 생각한다. 그러나 여가부 폐지의 의미는 거기에만 있지 않다. 여가부의 폐지는 한국사회가 나아가야 할 방향에 대한 진지한 물음이며 입헌민주주의 국가의 존재의미를 다시 확인하기 위한 근대적 시민들의 정치적 의사표현이다.

여성가족부와 이를 운영하는 페미니스트 관료들이 훼손한 근대적 가치는 수없이 많다. 이들은 행정부로서 헌법에 기반한 정책을 펼 의무가 있음에도 페미니즘이라는 특정한 이념에 따른 정책을 실행해왔다. 앞서 서술한 예를 몇 가지 간략하게 들어보자.

· **무죄추정의 원칙을 위반하는 피해자 중심주의와 미투 지원**
여가부는 미투 피해자를 지원한다는 명분으로 사법부의 최종판단이 이루어지지 않은 여성에게 법률지원을 비롯한 지원책들을 마련한다. 한 여성은 여가부의 지원으로 소송을 벌였으나 1심에서 패소하고 무고죄로 고소를 당했다. 상대 남성은 여가부의 지원이 성차별이라며 항의했으나 받아들여지지 않았다. 행정부가 재판에 돌입하지도 않은 여성을 범죄의 피해자로 단정하고 국민의 세금을 들여 지원하는 근거는 무엇인가? 여가부는 헌법에 명시된 무죄추정의 원칙보다 페미니즘이 주장하는 피해자 중심주의를 우선으로 한다. 미투는 본질적으로 사적 제재행위다. 근대적 법치국가는 사적 제재를 용인하지 않는다. 그러나 여가부는 미투를 전폭적으로 지지한다고 천명하고 있다.

· **기본권을 침해하는 무고죄수사 유예지침**
여가부가 부처 사업의 성과로 자랑하는 성범죄에서 무고죄 수사를 유예하는 지침 제정은 무죄추정원칙 뿐 아니라 법률적으로 동등할 지위를 보장받을 권리, 평등권에 대한 침해, 수사기관을 통해 범죄로부터 나를 보호받을 권리, 법관의 독립성에 대한 침해 등 위헌적인 조치이다. 모두 페미니스트 진영에서 꾸준히 요구하던 것을 국가기관이 숙고없이 수용한 사례다. 페미니즘 논리에 따르면 여성은 거짓으로 고소를 하지 않으니, 무고죄가 두려워 고소를 못하는 여성들은 국가가 장벽을 제거해 마음껏 고소하게 해야 한다는 취지다. 헌법 위에 페미니즘이 군림하는 상황이다.

· 표현의 자유를 침해하는 각종 검열행위

2019년, 여가부가 방송사에 배포한 '성평등방송 프로그램 제작안내서'는 페미니즘의 교과서와 같은 내용이었다. 성상품화, 성적대상화, 여성혐오, 성차별 표현이라는 규정이 모두 페미니즘 논리에 따라 표기됐다. 이 지침서는 하태경 의원의 문제제기로 공론화됐고, 방송사에 배포했다가 여론의 반발이 일자 수거 후 다시 제작하겠다며 한발 물러섰다. 여가부는 가이드를 제시했을 뿐 검열은 아니라고 변명했으나 궁색했다. 정부 부처 가운데 위법성에 대한 계몽은 가능할지언정 여가부처럼 방송사의 프로그램을 하나하나 구체적으로 짚으면서 이런 표현은 하지말라고 요구하는 사례는 없다. 방송심의를 관장하는 방송통신위원회도 어떠한 제재를 위해서는 절차를 거친다. 그러나 여가부는 카

카오톡 오픈채팅방 실시간 검열, 유튜브와 남성커뮤니티 모니터링, 게임방송 모니터링, 웹하드 모니터링 등등 온갖 문화콘텐츠에 대한 방대한 검열행위를 '모니터링'이라는 이름으로 진행한다. 모두 국민의 세금이다.

· **성인지교육이라는 페미니즘 강제 주입 행위**

여가부가 주도하는 성인지 관련교육(성평등교육, 반성차별교육, 성인지 감수성교육, 인권교육, 성희롱예방 교육 등등)의 종류는 매우 많다. 초중고교와 대학, 기업, 정부기관, 공공부문, 민간기업에 이르기까지 여가부와 페미니스트 진영은 전국민이 전 생애에 걸쳐 성인지교육을 받아야 한다고 주장하며 입법 시도를 지속적으로 하고 있다(민주당 권인숙 의원 발의).

성인지교육은 그 내용 면에서 페미니즘이라는 특정 이념을 국민들에게 강제 주입하고 있어 국가의 중립의무를 위반한다. 페미니스트 출신 강사들은 페미니즘은 곧 성평등이라며 페미니즘 교육임을 노골적으로 드러낸다. 공공기관과 교육기관의 성인지교육 강사를 양성하는 여가부 산하 양성평등교육진흥원장이었던 나(임)윤경씨는 '잠재적 가해자의 시민적 의무'라는 교육동영상으로 물의를 일으킨 후에도 이 영상을 내리라고 한 여가부에 저항했음을 오히려 자랑스럽게 발표한다. 이들은 국가기관의 관료로서 정체성보다 페미니즘을 어떻게 국민들에게 주입할지를 고민하는 페미니스트 운동가로 기관을 운영한다.

오늘날 초중고대학과 공공부문, 민간기업까지 성평등교육은 필수가 되고 있어 사실상 국가에 의해 강제된다. 교육과정에 필수로 포함되어 있어 수업으로 들어야 하고, 이를 수료하지 않으면 졸업학점을 딸 수 없다. 승진 과정에 필수로 교육을 이수해야 하고, 직장생활에 요구되는 필수업무로 편재되어 있어 거부할 수가 없다.

또한 교육내용에서도 양심의 자유를 침해한다. 내가 동의하지 않는 답을 정답이라고 인정할 것을 요구하는 교육내용은 시민들의 반발을 일으킨다. 예를 들어 현행법상 성매매는 판매와 구매 모두 불법행위이다. 그러나 성매매 여성은 피해자이며 구매자 남성만 범죄자라 표현하는 교육내용들이 있다. 국민의 입장에서는 정답을 표기하고 다음 단계로 넘어가 교육을 수료해야 하기 때문에 국가가 강요하는 정답에 동의해야 한다. 이는 인간에게 가장 근원적인 자유인 양심의 자유를 침해하는 행위일 뿐 아니라, 국가기관이 행하는 교육임에도 현행법과 일치하지 않는 내용으로 국민들에게 혼란을 준다. 성인지관련교육은 전면 폐지되어야 한다.

· **여성할당제 옹호**

특정 부문에 여성의 숫자를 강제로 할당해야 평등하다는 논리 자체가 헌법원리와 맞지 않는다. 일생 변하지 않는 속성인 성별이라는 정체성으로 다른 사회구성원이 도전할 기회를 차단하고 특혜를 주는 것은 공정도, 평등도 아니다. 특히 정치영역에서 할당제는 국민주권원리를 위반하고 공무담임권과 평등권을 침해한다. 단지 그대가 여자라는 이유만으로 부당한 차별을 받아서는 안되듯, 단지 그대가 여자라는 이유만으로 부당한 특혜를 받아서도 안 된다.

· **리얼돌, 성인사이트 규제/남성은 잠재적 가해자**

여가부는 대법원에서도 통관을 허가한 리얼돌에 대해 규제를 주장한다. 관세청은 여가부의 견해를 참고해 통관을 보류시킨다. 사법부가 최종판단한 사안에 대해 행정부가 이를 어기며 삼권분립 원칙을 위반중이다. 리얼돌을 규제하고, 성인사이트 접속을 규제하는 것 모두 페미니즘이 만들어낸 논리에 기반한다.

리얼돌을 강간인형이라 칭하며 남성들이 리얼돌을 통해 강간을 학습하여 실제 여성을 강간한다는 논리이며, 성인사이트에 접속하는 남성들은 잠재적으로 성범죄자이며 포르노를 이론으로 접하고 최종 강간으로 실천한다는 주장도 고전적인 페미니즘 논리이다. 국민의 가장 내밀한 영역에 대한 국가의 감시와 통제를 금지하는 근대국가의 기본권 보장 원칙보다 페미니즘 논리가 우선인 것이다. 이들은 남성에게 유해한 남성성toxic masculinity이 내재되어 있다고 주장한다. 국가기관이 이념가들의 손에 넘어간 후 문명화된 근대국가에서 용인될 수 없는 논리가 행정부의 이름으로 실행된다.

열거한 사례 외에도 수없이 많은 성차별과 위헌적 사업들이 많이 존재한다. 여가부의 이러한 사업과 정책들은 청년남녀 사이의 갈등에 불을 질렀다. 1030 세대에서 성별갈등은 지역갈등, 빈부갈등을 제치고 제1의 갈등으로 부상했다.

문화전쟁을 치르는 청년세대

오늘날 청년세대 남녀는 문화전쟁을 치르는 중이다. 이들 청년세대 남녀가 치르고 있는 문화전쟁은 성性적 억압과 자유, 검열과 표현의 자유, 고유한 권리자로서 개인의 복원이라는 근대 문명의 가치들과 결부되어 있다. 이 전쟁이 끼친 해악은 그저그런 예측의 범주를 뛰어넘는다. 근대적 자유와 권리를 쟁취하는 투쟁에서 해방의 동반자였던 남성은 오늘날 혐오의 대상이 되었다. 수년 전 갑자기 점화된 이 전쟁에서 청년남성들은 선전포고자가 아니다. 민주화와 인권의 장을 연 부모 세대가 차별 없이 키워낸 성평등 세대인 이들은 어느날 부여된 강자, 가해자, 기득권자, 억압자, 악덕의 공유자, 혐오를 내면화한 자, 범죄자, 본래적 유해성을 가진 자라는 부당한 집단적 낙인에 저항하는 중이다.

성性적 영역에 대한 급진적 규제 조치들은 남성들의 반발을 불러일으킬 수밖에 없다. 누구도 불편하지 않은 위생 언어의 사용, 피해자 되기, 폭로정치, 권리의 서열화는 대부분 성적인 것과 결부되어 있다. 여성이 주도하고, 여성의 주관적 감정이 판단의 기준이 되며, 남성을 표적으로 한다. 이러한 문화전쟁에 가장 유효한 약자되기, 주관적 감정을 호소하기, 피해자로 자처하기 전략을 남성들은 사용할 수 없다. 약좌弱座의 게임에서 여성들은 정체성 자체로 승리자다.

남성들은 법적 지위의 불평등이라는 실질적 차별을 겪고, 이는 남성과 여성 사이의 성적 상호작용에 부정적인 영향을 끼친다. 피해 정보의 공유가 가장 신속하고 활발한 온라인 커뮤니티의 주 이용자인 청년남성들은 잠수함의 토끼처럼 위협적인 사회가 도래했음을 감지한다. 이러한 문화의 변화가 남성 자신의 실존을 위협하는 전쟁임을 알게 된 것이다. 이들은 그동안 믿어왔던 근대적 법치국가의 원칙들이 더이상 자신을 보호해주지 않는다고 느끼게 됐다.

'여성가족부 폐지'라는 일곱 글자에는 이러한 서사가 응축되어 있다. 이 모든 부조리의 상징이자, 본진이자, 전위이자 총체가 여성가족부와 페미니즘인 것이다. 그래서 여성가족부 폐지는 미시적인 공약이나 극우포퓰리즘 공약이 아니라 한국사회의 현재와 미래에 대한 진지한 물음이자 문제제기가 된다.

　기회의 총량 문제다, 경제적 어려움이 해결되면 청년남녀의 갈등도 사라질 것이다, 라는 분석은 그래서 안일할 뿐 아니라 틀렸다. 지금 상대방을 증오하는 청년남녀가 모두 취업에 성공하고, 내집 마련을 한다면 증오가 멈춰질까? 서로의 속성을 경멸하고 비난하던 감정을 버리고 우애와 협동을 회복할 수 있을까? 그렇지 않다. 이들이 서로를 무너뜨려 획득하고자 하는 전리품은 경제적 안정이 아니기 때문이다. 이를 파악하지 못한 채 기회총량 부족이라는 분석에 머무른다면 영원히 이들의 마음을 얻을 수 없을 것이다. 물론 얻을 필요가 없다고 생각한다면 어쩔 수 없는 일이다.

　"문재인 재기해"라는 일베식 구호를 외친 혜화역 집회를 두고도 여성들의 거친 목소리에 담긴 숨은 뜻을 들어봐야 한다고 했던 정부 관료와 언론들이 2030 남성들에게는 왜 같은 태도를 보여주지 못하는 것일까?

6

이념을 넘어
다시 근대와 문명의 시대로

PC주의와 정체성 정치를
말하는 사람들

오늘날 우리사회에 일고 있는 문화적 변화와 남녀갈등의 기저에는 정체성 정치Identity politics와 PCPolitical Correctness주의가 자리한다. 정체성 정치란 성별, 젠더, 종교, 장애, 민족, 인종, 성적지향, 문화 등 공유되는 집단 정체성을 기반으로 배타적인 정치 동맹을 추구하는 정치 운동이자 사상을 말한다. PC주의는 말의 표현이나 용어의 사용에서 인종·민족·언어·종교·성차별 등의 편견이 포함되지 않도록 하자는 운동으로 정체성 정치가 구현되는 한 방식이다.

정체성 정치는 노동자 대 자본가, 국가권력 대 시민, 제국 대 속국과 같은 전통적인 대립 관계 대신 정체성 집단 사이의 권력관계에 집중한다. 이러한 탐색이 구 대립질서가 놓친 본질적 문제를 해결하는 것이라 여긴다. 정체성 정치의 대표 집단은 여성이다. 부자인 여성은 빈민 남성보다 사회경제적으로 우월하지만, 하층계급에 속한 남성일지라도 그에게 강간의 공포를 느끼는 상층계급 여성은 약자다. 여성은 언제나 구조적 피해자라는 논리를 내면화한 페미니즘 운동이 정체성 정치와 정치적 올바름을 주도하는 것은 당연한 현상이다.

정체성 정치가 현실에서 구현되는 방식은 두 가지다. 하나는 약자 그룹에 권력을 부여하는 정치투쟁이고, 다른 하나는 약자에 대해 어떠한 형태로든 불쾌감, 공포심, 위협, 불안을 조성하는 말(표현)을 금지하는 문화운동이다.[*]

혐오의 총량이 증가하는 사회

이준석 국민의힘 대표는 장애인단체의 시위를 비판한 자신에 대해 혐오자라는 비난이 일자 소수자 정치에 대해 정면으로 문제제기 했다. 그는 "소수자 정치가 성역을 만들고 그에 대한 단 하나의 이의도 제기하지 못하게 틀어막는 위험성을 가지고 있다"며 정치인 가운데 처음으로 정체성 정치와 PC주의 문제를 공개적으로 언급했다. 현재 정치권에서 정체성 정치와 PC주의 운동에 대한 이해가 있는 정치인은 극히 소수이다. 이준석 대표는 PC주의 운동에 대해 우리가 공개적인 논쟁을 꺼린다면 그야말로 트럼프 당선을 불러오는 길이라며 성역 없는 논쟁을 주장했다. 수많은 모순이 제기되는데도 이를 약자 위협이나 혐오로 묻어버리는 것은 오히려 사회의 발전과 통합을 해친다는 것이다.

이러한 주장은 일리가 있다. 여성혐오에 대해 한 번도 제대로된 공론장을 만들고, 담론을 청취한 후 합의점을 찾는 사회적 합의 과정이 없다보니, 결국 여성혐오가 사라지기는커녕 남성혐오까지 증가해 혐오의 총량만 늘었다. 국가인권위원회는 이준석 대표의 발언이 혐오표현인지를 판단하겠다고 했다. 이러한 대응이야말로 전형적인 PC주의 운동의 방식이다. 무엇이 혐오표현인지 우리사회는 아직 합의하지 못했다. 약자나 소수자로 규정(이 규정은 누가, 무엇을 기준으로 하는가부터)된 집단이 부정적으로 느끼는 모든 발언에 대해 즉각 혐오로 규정하는 태도는 표현에 대한 통제로 작동해 오히려 사회구성원들의 반발을 불러올 가능성이 크다. 지금 청년 남녀가 벌이고 있는 문화전쟁이 이를 잘 보여준다. 정체성 정치와 PC주의 운동의 영향력을 우선 인지해야 통합의 길도 모색할 수 있다.

동료시민이 혐오주의자가 되는 함정

3년 전쯤까지 나는 PC주의 운동에 대해 사회의 긍정적 발전에 기여한 요소가 있다고 생각했다. 그래서 주관적 피로함과 동료시민을 통제하려는 위헌적 발상들에 대한 경계심 수준의 헐거운 반대에 머물렀다. 그러나 지금은 다르다. PC주의 운동에 대해 고찰할수록 이 개념에 대한 이해를 제대로 하지 않은 상태에서 한 판단은 틀렸으며, 이 운동은 공동체의 결속보다는 분열과 갈등을 일으키며, 이익보다는 해악을 끼치는 운동이라는 결론에 이르렀다.

단지 '미개'하고 '시대착오적'인 표현을 퇴출시키자는 운동이었다면 문명화의 수준이 높아지는 것과 비례해 이 운동은 자연스럽게 소멸되었을 것이다. 그러나 오히려 사회 전체의 교육수준이 높아져 평균적 교양과 인권의식이 발달한 사회일수록 PC주의 운동은 사그라들 기미를 보이지 않는다.

PC주의는 흔히 인간에 대한 예의와 혼동된다. 타인에게 무례해서는 안된다는 법칙은 이미 사회에 안착되어 있다. 그러나 어떤 사회든 예의라는 공동체의 규칙을 모르거나 신경을 쓰지 않는 사람들이 있게 마련이다. 공동체는 이를 계속 상기시켜 이들을 규칙 안으로 포함시킨다. 이러한 노력은 생활상의 사소한 일들부터 공적 영역과 인간관계까지 매우 촘촘하게 포진되어 있다.

예를 들어 타인의 부탁으로 어떠한 자료를 메일로 보내줬는데 이를 받고도 답이 없는 상대가 있다. 답해야 한다는 사실을 모르거나, 무신경한 사람이거나 혹은 깜빡 잊었거나 했을 것이다. 이런 경우 '누군가에게 부탁해 자료를 받았을 때는 감사하다는 답메일을 보내는 게 예의다'라는 글을 포스팅할 수 있다. 당사자에게 직접 말할 수도 있고, 다시 메일을 보내 자료를 잘 받았는지, 도움이 되었는지를 물으며 에둘러 감사의 답을 유도할 수도 있다. 우리는 이러한 행동을 통해 공동체에 예의의 코드가 단절되지 않도록 학습하는 기회를 제공한다.

이러한 예의의 코드는 공동체 안에 무형의 규칙으로 안착이 되어있다. 만나면 반갑게 악수를 하는 것, 상대의 연배에 따라 공손하게 두 손으로 악수를 하는 것 등은 누가 정색하고 가르치지 않아도 사회 구성원들 사이의 상호학습을 통해 습득한다. 그러나 사회가 빠르게 변화하면 예의의 코드 또한 단절되거나 균일하지 않게 습득될 수 있다. 이를 사회적으로 균질하게 안착된 코드로 계속 통일시켜 나가는 작업이 필요하다. 미풍양속, 예의, 질서, 교양과 같은 개념은 이러한 상호학습의 전통으로 만들어진다. 그러한 작업이 없다면 문명사회를 유지할 수 없다.

'다름'이 기본인 문명사회에서 존중의 코드를 안착시키는 일은 필수적이다. 누군가를 속속들이 안다는 일은 언제나 스트레스를 수반한다. 나와 정치성향이 정반대라거나, 내가 미워하는 사람과 절친이거나, 증오하는 이념을 추앙하거나, 이

단이라고 생각하는 종교의 신도이거나, 싫어하는 행동을 습관으로 가졌다거나 하는 부정적 요소들을 파악하게 되기 때문이다. 이러한 관계의 삐걱거림에 윤활유의 기능을 하는 것이 바로 안착된 존중의 코드다.

예를 들어 집 옆 편의점의 점주가 갈 때마다 내가 너무나 싫어하는 극단적인 정치유튜브 채널을 큰 음량으로 시청하고 있다. 나는 즉각 불쾌한 감정이 들 것이다. 그의 정치성향을 비난하고 싶은 마음과, 사고 수준을 비하하는 마음도 들 것이다. 그러나 내게는 존중의 코드가 안착되어 있으므로 오가며 인사를 하고, 점주 또한 고객을 응대하는 기본 태도에 더해 가끔은 단골에 대한 친근함 코드를 더하기도 한다. 이는 문명생활을 위해 필수적인 것이다. 그렇다면 PC주의는 안착화된 존중의 코드와 어떻게 다를까? 몇 가지 다른 특성을 발견할 수 있다.

예의와 PC주의를 가르는 안착과 동요

PC주의는 존중의 규칙으로 안착화된 코드가 아니라 오히려 문명사회의 안착화된 코드중 일부를 문제삼고 동요시키는 운동이다. PC주의 운동은 이렇게 전개된다. 우선 아무도 그것을 비존중 또는 존중의 결여, 의도적인 무시의 뜻으로 쓰지 않던 표현에 대해 그러한 의도로 귀속시키는 수사적 작업을 퍼붓는다. 그다음 그러한 작업이 이뤄진 세계에서는 더 이상 예전처럼 부정적 의도가 아니더라도 언어를 쓰지 못하도록 통제한다.

예를 들어 PC주의가 동요시키기 전 미국에서 'man'이나 'he'는 인류, 인간, 사람 등 그냥 인간을 가리키는 대명사로 쓰였다. 그러나 왜 남성이 인간을 대변하느냐는 비판에 따라 man/woman을 쓰게 됐다. 그러나 맨/우먼이라는 대명사도 이분법적 성별분류라는 동요에 따라 다양한 성을 지칭하는 대명사가 만들어졌다. 이러한 동요가 수차례 일어나면서 이제 사람을 가리키는 대명사는 온갖 PC주의적 표현으로 범벅이 됐다.

새로운 표현의 목록은 PC주의자조차도 습득하기 어려울 만큼 많고, 이러한 표현은 불투명한 글을 만들어내므로 안착하기 어렵다. 그러나 PC주의자들은 안착이 아닌 동요 자체가 목적이므로 끝없이 동요를 만들어낸다.

맨을 인간의 의미로 쓰면 비난이 퍼부어지는 사회에서는 그저 맨이 익숙해서 계속 쓰고 싶은 사람은 마치 해당 쟁점에 대해 보수적인 입장, 반동적인 입장으로 취급될 뿐 아니라, 여성은 인간이 아니라거나, 남성만이 인간을 대표한다거나, 여성은 하등한 존재라는 입장을 표명하는 것으로까지 귀속된다.

정치권력을 가진 PC주의의 성장동력

민주주의를 이해하는 시민은 타인과 평화롭게 공존하기 위해 삶에서 정치의 영역을 어느 정도 분리시킬 줄 안다. 정치를 연루시키지 않고 함께 게임을 하거나, 드라마를 시청하거나, 카페에서 담소를 나누기도 하고 때로는 음주가무를 즐긴다. 예의규범은 이러한 사회적 상호작용을 가능하게 하는 의도된 탈정치적 규범이다. 그러나 PC주의는 일상의 비정치적 영역을 용납하지 않는 것 자체를 전략과 목표로 삼고 있다. 그래야만 자신들의 정치적 의제를 눈에 띄게 할 수 있기 때문이다.

예를 들어보자. 다양성 추구를 천명한 글로벌 커피 체인에서 음료 제공시 고객에게 무지개컵과 일반컵 중 선택의사를 묻겠다고 한다. 단순히 커피를 마시기 위해 카페에 간 어떤 고객은 무지개색이 취향이 아니라 그냥 흰 컵에 먹고싶다. 그러나 두 선택지를 제시하는 순간 커피를 마시는 행위 자체는 불투명해지고 졸지에 성소수자에게 연대하느냐 마느냐는 정치적 선택이 부상한다.

이러한 사회에서는 어느 유명인(혹은 약간 유명인일지라도)이 '그냥 흰 컵에 주세요'라고 말하는 순간 온라인 공간에 호모포비아로 아우팅되는 일을 겪을 수 있다. 단지 흰색이 좋아서 흰컵을 선택하는 행위가 혹여 성소수자의 권리에 반대하는 것으로 비칠까 하는 노심초사의 장으로 변질된다.

PC주의자들이 노리는 효과가 바로 이러한 공포다. 일상적 휴식의 공간인 카페가 첨예한 정치의 장으로 바뀌는 순간이다.

이처럼 PC주의의 실제 목적은 끊임없이 일상생활에서 PC주의 의제를 상기시켜 분투의 장이 되도록 만드는 것이다. 이미 안착된 매듭을 풀어 '동요'시킨 후, 자신들이 새롭게 주장하는 작위적인 코드를 따르지 않으면 나쁜 사람이라는 공세를 퍼부음으로써 일상적인 모든 행동에 정치적 의미를 투영시킨다. 정치적으로 올바른 표현목록을 결정하는 권력이야말로 사회를 통제하는 권력이 된다.

예의범절을 권하거나 확인하는 것은 내가 우월한 지위에 있다고 생각해서가 아니다. 예의의 전수는 상대방도 존중의 코드를 찾고 있고 계승해야 하는 공동체 구성원이라는 전제에서 출발한다. 보육교사가 아동에게 인사법을 가르치고, 부모가 자녀에게 타인에 대한 예의를 가르치는 것은 도덕적으로 우월한 존재여서가 아니라, 먼저 이 코드를 습득한 사람으로서 혹은 안착된 존중의 코드를 잊지 않고 있는 사람으로서 사회적 계승을 위해 전수하는 행위이다.

'여자의 웃음소리가 담장을 넘으면 안 된다'는 말을 예로 들어보자. 이는 시대의 변화에 따라 이제 통용되지 않는 규칙이다. 만일 어떤 노인이 이러한 발언을 여전히 한다면 친구나 가족 중 누군가가 교정해 줄 수 있다. 예의범절을 전수하는 사람은 문화적 지체자가 이를 습득하지 못해 비난을 받거나 구시대적 예의관이 계승되는 것을 우려하기 때문이다. 이처럼 예의의 핵심은 존중이다. 새로운 예의규칙을 습득시켜 사회적으로 존중의 코드를 안착시키는 목적에서 변화를 가르친다.

반면 PC주의는 분쟁을 일으켜 너는 어느 편이고, 어떤 가치관을 가진 사람이라는 낙인을 부여해 문화적 지체자가 아닌 여성혐오자로 규정한다. 이는 정치적 계몽행위이므로 자신은 도덕적으로 우월하고 정의롭다고 믿는다. 이들은 이 우월감을 기반으로 PC주의 규칙을 이행하지 않거나 못하는 사람을 차별주의자, 혐오주의자, 정의로운 변화를 거부하는 반동으로 규정하는 행위를 지속한다. 이러한 우월감은 이들에게 상당한 만족을 준다. 이는 권력욕구와도 연결되어 있다.

《촉 2022-2023》, 168쪽, 2021, 메디치. 필자의 글 일부 수정 및 재인용.

'정치적 올바름'이라는 이름의 폭력

예의는 전수의 결과를 정의와 불의로 나누지 않는다. 만일 어떤 이가 특정한 예의의 코드를 거부한다면 무례한 사람이라는 평판이나 인간관계의 단절을 감수하면 된다. 그러나 PC주의는 모든 것을 정치화된 운동으로 만들어서 자신들의 규칙을 지키지 않는 사람을 불의로 규정한다. 무례한 사람과 정치적 반동은 전혀 다른 개념이다. 정치적으로 올바르지 못하다고 규정된 사람은 직업영역에서 퇴출시키고 공적인 사회활동을 금지시킨다. 밥줄뿐 아니라 사회적 생명과 정치적 생명을 끊어야 한다고 주장한다.

예의는 다른 사회적 규칙들처럼 조정의 문제다. 좌측통행을 할지 우측통행을 할지 정하는 것은 서로 부딪히지 않고 원활하게 통행하기 위함이다. 공통된 지표가 없다면 타인에게 피해를 끼치지 않으려는 선의를 가진 사람이라도 부딪힐 수밖에 없고 통행에도 비효율적인 상황이 만들어진다. 기본적으로 선의를 가진 인간들이 효율적으로 소통하도록 하는 것이 예의의 규칙이다.

또한 예의는 문명사회에서 서로 거리를 두게 하는 매우 중요한 기능이기도 하다. 예의는 타인에 대해 속속들이 들추고 알아내서 철저히 평가하겠다는 태도가 아니라, 각자의 삶을 진행시키다가 접촉하는 순간 최대한 충돌이 없도록 거리를 두게 한다. 타인의 정치성향, 추구하는 이념, 특정 사안에 대한 견해를 알아내거나 평가하는 행위를 지양하고, 내가 좋아하지 않는 언어나 행동습관을 명시적으로 지적하며 반대하는 것을 금한다. 예의의 규칙은 그래서 존중의 코드로 안착된다.

반면 PC주의는 타인의 속성을 최대한 많이 드러내게 해서 양심의 추지推知, 사상과 의견의 추지장치를 발견하도록 한다. 즉 인간의 내심에 있는 견해를 행동으로 끄집어내도록 강제하는 운동이다. 이는 인간 삶의 전 영역에 '십자가 밟기'를 전방위적으로 시행하는 것과 같은 행위이다.

강요된 PC준칙과 혐오의 총량

PC주의자는 정치적 올바름을 들이대고 이에 반대하거나 동조하지 않는 사람을 비난하고 압력을 넣어 자신이 원하는 인간으로 개조하려 한다. 이들은 규칙의 개선이 목적이 아니라 인간 내면에 자리잡은 인식-나도 모르게 뿌리 깊이 박혀있는 차별의식, 혐오의식, 배제의식 등-을 고쳐야 아무 생각없이 행하는 불의를 바로잡을 수 있다고 주장한다. 내면의 인식은 표면적 행동규칙을 규율하는 예의의 코드로는 드러나지 않는다. 선량해 보이는 차별주의자를 가려내려면 끝없이 십자가 밟기 장치들을 뿌려놓아야 한다. 드러내야만 불의로 귀속시켜 몰아붙일 수 있기 때문이다.

그래서 PC주의자는 끝없이 성차별 언어, 인종차별 언어, 약자 차별 언어 등 금지의 목록을 만들어 뿌린다. 금지의 목록을 어기는 사람을 색출하고, 고발하고, 공개적으로 참회하게 하고, 개조의 확인을 받아내려 한다.

PC주의자는 예의, 존중, 존엄과 같은 말을 자주 쓴다. 많은 이들이 이러한 말 때문에 PC주의 운동에 대해 호의를 갖게 된다. 존중의 코드가 안착된 문명사회일수록 구성원들에게 타인에 대한 존중이라는 예의의 규칙이 기본적으로 장착되어 있기 때문에 '존엄', '존중', '예의' 등을 내세운 PC주의 운동이 잘 자랄 토양이 마련되어 있다.

그러나 거리두기와 조정이라는 예의의 코드와 본질적으로 다른 PC주의의 정치적이며 폭력적인 속성은 곧 충돌을 일으킨다. 보편적인 예의의 규칙으로 가능한 일에도 다종다양한 상황과 맥락을 고려하지 않고 자신들의 PC준칙을 강요하기 때문이다. 이러한 속성 때문에 표현의 자유와 충돌하고 양심의 추지를 금지하는 헌법과도 충돌한다. 미러링처럼 불의를 행하며 정의를 참칭하기도 한다.

PC주의자는 보편적인 예의의 규칙으로는 약자와 소수자의 보호가 불가능하다고 주장한다. 그렇다면 안착된 예의의 규칙으로 포섭하지 못하는 영역을 해결하는 PC적 규범은 무엇인가? 미러링을 정의로운 행위라 옹호한 페미니스트 진영이 내세운 논리는 여성에게는 존중의 코드가 적용되지 않기 때문에 미러링이라는 방법을 쓸 수밖에 없다는 주장이었다. 과연 그러한가? 누구도 혐오해서는 안 된다는 규칙은 존중의 코드로 안착되어 있다. 미러링은 이를 동요시켜 남성혐오는 혐오가 아니라는 PC주의 규범을 새롭게 만들어냈다. 그러나 미러링은 여성에 대한 혐오를 없애지 못했을 뿐 아니라 혐오의 총량마저 증가시켰다.

PC주의에 대한 대중적 반감은 '프로불편러', '피씨충'과 같은 용어를 만들어냈고 비공식적 영역에서 상당한 공감을 얻고 있다. 그러나 공적 영역에서는 PC주의 운동이 권력을 가지고 있다. 이 운동은 주로 진보진영과 페미니스트가 주도한다. 전통주의자들은 힘없는 사람들에게 상처 주지 않는 말을 쓰는 것이 바람직하지 않은가 하는 도덕적 관심과, 문화적 지체자로 취급받을 두려움 때문에 PC주의를 수용한다. 정치적 올바름 운동에는 논리적 비판을 가하는 조직적 대항세력이 없다.

그러다 장애인 운동단체와 국민의힘 이준석 대표 사이에 벌어진 혐오논란으로 PC주의가 담론의 영역에 공적 의제로 끌어올려졌다. 대중들은 일상적으로 PC주의 운동에 노출되어 있지만 그것이 정치적 올바름 운동이라는 사실을 인식하지 못한다. 혐오표현에 대한 보도는 많지만 PC주의 자체를 다루는 담론의 장이 없기 때문이다.

다음에 이어지는 글들에서 영화, 드라마, 기사 등 다양한 콘텐츠 속에 PC주의가 어떻게 구현되는지 몇 사례를 담아 보았다.

혐오를 없앤다면서: 인어공주 캐스팅 논란

디즈니의 애니메이션 '인어공주'의 실사판 영화에 흑인 여배우가 캐스팅 된 후 논란이 일었다. 원작과 전혀 다른 분위기의 배우를 접한 팬들은 당혹스러워하고, 나의 인어공주가 아니야#NotMyAriel라는 해시태그로 불만을 표하는 움직임도 있다. 원작이 있는 애니메이션이 드라마나 영화로 제작될 때 팬덤과 고증세력이 원작 일치 여부를 논하는 일은 흔하다.

다만 이번 논란은 팬들 사이의 논쟁이 아니라 PC주의 운동이 가세한 특징이 있다.

대중문화는 표현의 영역에서 큰 영향력을 가지므로 늘상 이 운동의 타깃이 된다. 인종, 성별, 종교 등의 표현에서 편견을 적발하는 동시에, 정치적으로 올바른 작품의 제작을 압박한다. 디즈니는 '다양성은 우리의 핵심전략'이라며 PC주의를 적극 수용 중이다. 인어공주 캐스팅 비판여론에 대한 대응도 이 운동의 관점에 기반해 있다. 디즈니가 SNS에 올린 입장문은 "불쌍하고 불행한 영혼들을 위한 공개편지"라는 문구로 시작한다. 흑인여성을 캐스팅한 이유를 언급하며 "이렇게까지 설명했는데도 캐스팅을 받아들이지 못한다면 그건 당신들 문제"라며 끝맺는다. 대중문화 콘텐츠 제작사가 작품의 팬이 포함된 대중에게 고압적인 태도로 조롱하는 흔치 않은 풍경이다. PC주의자들이 가진 도덕적 우월감을 잘 드러내는 태도다.

인어공주 캐스팅 논란에서 보듯 대중이 반발하는 이유는 단일하지 않다. 고증 차원의 비판도 있고, 원작에 대한 오랜 애정에서 나온 불만도 있다. 나의 동심을 파괴하지 말라는 말처럼 사람마다 소비하는 방식이 다른 대중문화 콘텐츠의 특성도 작용한다. 또 굳이 원작과 다른 흑인 배우를 캐스팅한 디즈니의 PC주의 행보에 대한 불만도 누적되어 있다. 문제는 다양한 의견들을 오직 '흑인 인어공주를 거부하는 인종차별주의자와 혐오자들의 준동'으로 규정하는 태도다. 어떠한 주장이 정치적으로 올바르지 않다고 해서, 이를 비난하는 주장이 곧 올바름의 지위를 차지하는 것은 아니다. PC주의자들이 간과하는 지점이 바로 이것이다.

'불쌍하고 불행한 영혼, 궤변, 헛소리, 차별주의자, 외모지상주의자, 먼저 사람이 돼라'. 이 말들은 디즈니의 캐스팅에 반대하는 대중을 향해 동원된 공적 표현들이다. PC주의자들은 공개된 매체에 이러한 표현을 쓰는데 거리낌이 없다. 최대한 자신의 경멸과 조롱을 드러내어 '혐오와 차별'에 빠진 '불의한' 대중을 모욕하고자 한다. 대중의 비난 여론에는 부적절하고 극단적인 표현이 존재한다. 그러나 정제되지 않은 대중의 언어와 공적 언어의 무게는 다르다. 어떠한 사회 운동이든 다양한 의견을 존중하면서, 최대한 많은 대중을 선한 의도 안으로 설득하려는 노력은 필수다. 자신의 기준에 동의하지 않으면 곧 차별주의자이며 혐오주의자라 낙인찍는 일, 설득의 노력 대신 동료 시민을 간단히 적으로 돌리는 일은 극단적 표현만큼이나 위험하다. 흑인은 인어공주를 할 수 없다는 주장만큼, 흑인 캐스팅 비난은 곧 인종차별이라는 규정 또한 편견에 기댔다.

한국의 진보가 사랑하는 철학자 슬라보예 지젝은 소수자

의 목소리에는 모든 비판을 금하고, 발언의 규칙을 강제하려고만 하는 정치적 올바름 운동의 한계를 지적한다. PC운동의 목적이 혐오와 차별의 감소, 다양성의 관철이라고 할 때, 흑백논리 안에 동료 시민을 가둬 더 많은 혐오주의자를 만드는 태도로 이 목적을 이룰 수 있을지 한 번쯤 생각해볼 일이다.

미드 〈FBI〉에서 읽는 정치적 올바름 운동의 현재

한국에서도 인기리에 방영된 미국의 범죄수사물 FBI 시즌1, 12화 '새날이 밝는다'는 미국사회의 정치적 올바름 운동의 현주소를 엿볼 수 있는 에피소드다. 극중 '새날'이라는 운동조직은 안티파Anti-Fa를 모델로 한 단체인데, 안티파는 안티-파시스트의 줄임말로 미국과 유럽 등지에서 활동하는 반파시스트를 표방한 극좌 조직을 일컫는다. 안티파는 최근 미국 내 좌우 대립이 격렬해진 상황에서 백인 주류 기득권 세력에 대항하는 좌파진보진영의 전위부대 같은 역할을 담당한다.

2017년 버클리대는 보수인사 초청공연과 이에 반대하는 시위로 몸살을 앓았다. 유명 보수 논객인 마일로 야노플로스나 벤 샤피로 등의 초청강연이 잡힐 때마다 방화를 비롯한 극렬한 폭력시위가 벌어졌는데 안티파가 주동세력으로 지목됐다. 이들은 폭력성과 극단주의적 사고 때문에 리버럴 진영 내에서 비판을 받기도 한다. 안티파는 검은 복면과 검은 복장으로 통일해 조직적으로 움직이지만 대표자와 간부를 둔 일반적 형태의 조직과는 달리 신원을 노출하지 않는다고 한다. 사제 무기로 무장하고 경찰과 우파세력에게 린치를 가하는 활동방식 때문에 그럴 것이다.

필자는 안티파 조직원의 인터뷰를 본 일이 있는데 "파시스트들은 사회에서 어떠한 직업활동과 발언도 하게 해서는 안 되며, 말로 해서는 이들의 행동을 막을 수 없기 때문에 직접 행동으로 타격을 가해야 한다"는 주장이었다. 파시스트에게는 표현의 자유가 없다는 것이 기본적 원칙이며 그들의 입을 막기 위해서는 수단과 방법을 가리지 않아야 한다는 극단성을 드러냈다. 이러한 사고야말로 그들이 반대하는 파시즘적 행태와 같지만, 자신들은 '정의로운 폭력'이며 이는 정당하다는 신념은 쉽게 꺾이지 않을 것 같았다. 드라마에서 묘사된 좌파단체 조직원들의 사고방식도 비슷하다.

한 대학의 진보적 학장이 유명한 우익인사 베인을 초청한다. 그는 "미국은 오늘날 평등의 목표치를 한참 넘어 젠더, 인종, 정체성 정치에 빠져 안전지대니 성중립 화장실이니 하는 데 몰두하고 있다"고 비난한다. "우리는 중산층의 번영과 기쁨을 궁리해야 하며, 더 이상 백인남성이라는 이유로 미안해하지 않아야 한다"고 대중을 선동한다. 강연이 끝난 후 그가 쉬고 있던 대기실에 누군가 폭탄을 던지는 테러를 감행하고 베인은 사망한다. 사건을 수사하게 된 FBI는 새날이 연관된 걸 알아내 잠입수사를 한다. 새날에 가입한 대학생들은 극단적 좌파이자 선동가인 한 교수를 추종하다 폭탄테러 계획까지 세운다. FBI 요원들이 베인의 장례식이 열리는 교회에 자살폭탄테러를 감행하려는 여학생을 설득해 결국 해결하는 내용이다.

이 에피소드에서 재미있었던 지점은 극 중 FBI 간부와 요원의 대사들이다. 베인이 사망하자 그에 대한 프로파일링이 시작된다. 원한을 가진 사람이 있느냐는 질문에 프로파일링을 담당한 젊은 흑인여성요원은 베인에 대한 반감을 노골적으로 드러내며 말한다. "당연히 많죠. 그는 정치적 올바름과 페미니즘을 욕하면서 백인 민족주의를 주창하고, 성차별에 인종주의자니까요."

그녀의 비아냥에 상사인 여성은 따끔한 지적을 한다. 미국적인 말이다. "여기는 자네의 정치적 견해를 밝히는 곳이 아니야. 우린 표현의 자유를 지켜야지. 재단하지 말고."

베인 사망사건으로 캠퍼스는 다시 갈등에 휩싸인다. 혐오를 배격하는 진영과 말의 자유를 주장하는 쪽이 격렬하게 대립한다. 주인공 요원 둘이서 이 장면을 보며 뼈 있는 대화를 나눈다. 미국의 오늘을 드러내는 말들이다. 폭탄만 없을 뿐 한국사회도 비슷한 상황이라 더 와닿았다.

"모두가 온갖 일에 분노해. 말, 견해, 꼬리표 하나하나.", "임계점을 넘은 느낌이야. 예전엔 의견이 다르다고 폭탄을 던지진 않았는데."

베인의 장례식이 열리는 교회, 새날 조직원인 여자대학생 헤더는 품속에 기폭장치 스위치를 안고 긴장상태에 있다. 요원 둘이 헤더를 설득하는 장면에서 가장 미국적인 대화가 오간다. "니가 그걸 누르면 무고한 사람 300명이 타버려." 요원들이 설득해보지만 헤더는 강고하다. 그녀는 혐오주의자들이 이 땅에서 사라져야 한다는 신념에 빠져있다. 그것이 진정한 정의라고 믿는다.

"이 사람들은 무고하지 않아요. 증오와 독설을 설파하죠. 베인 추종자는 고통받아야 해요. 우리가 살려면 저들이 죽어야죠." 요원 매기는 단호하게 헤더의 신념이 틀렸다고 말한다. "아니, 틀렸어. 우리와 저들이 함께 살아. 그게 이 나라의 핵심가치야."

결국 스물한 살 어린 여학생의 극단적 신념은 실패로 막을 내린다. 그러나 요원들이 말한 미국의 가치에 설득된 건 아니다. 자신이 추종하던 교수가 알고 보니 매우 비열하고 무책임한 사람인 걸 알게 됐고, 스물한 살 밖에 안 된 너의 인생을 이렇게 포기해서는 안 된다는 설득이 마음을 움직였다.

이 드라마는 안티파로 추정되는 좌익극단주의자 사례를

다뤘지만 우파의 가치를 설파하는 드라마는 아니다. 이어지는 회차에서는 미투운동에 반감을 가진 주류 남성들을 조롱하는 에피소드도 다룬다. 그러나 그런 회차에서도 어떤 운동이 급격하게 사회의 질서를 바꿀 때 필연적으로 수반되는 반작용에 대해서는 묘사한다. 새날을 다룬 에피소드는 현재진행형인 민감한 이슈를 드라마로 만든 자체가 재미있고, 미국적 가치를 설파하는 캐릭터들의 치우침 없는 태도가 인상 깊다. 상사로서 또는 선배나 어른으로서 가장 미국적으로 극단주의의 위험성을 지적하는 품위 있는 '말'들이 좋았다.

한국사회 또한 정치적 올바름이 진보진영의 대표적인 운동으로 자리잡으면서 권력과 자본같은 고전적인 '악'의 자리를 혐오와 증오가 대체하는 추세다. '말'을 둘러싼 사회적 갈등이 어느때보다 심각한 상황이다. 우리가 살려면 저들이 죽어야 한다는 신념에 사로잡혀 반대세력에게 혐오와 증오를 내뿜는 사람들을 쉽사리 발견할 수 있다.

그러나 공적 영역에서 일하는 사람은 개인적 신념에서 비롯된 편견을 배격하고 헌법적 가치를 지켜야 한다는 원칙, 자신의 정치적 견해가 편견으로 작동해 공정성을 해치면 안 된다는 원칙, 견해가 다르더라도 물리력으로 억압해서는 안 되며, 공동체 구성원으로서 공존해야 함을 말하는 품위 있는 어른은 찾아보기 어렵다.

혐오와 증오를 배격하는 운동이 힘을 가질수록 혐오과 증오의 총량 또한 비례하는 현상은 어떻게 봐야할까? '혐오가 만연한 사회'라는 레토릭을 사용하면서 혐오주의자들을 처벌하고 단죄하면 혐오 없는 세상은 가능해질까?

알 수 없다. 그러나 다른 의견을 가진 사람들과 함께 살아갈 수밖에 없음을 인정하지 않는 한, 우리가 바라는 세상은 가능하지 않다는 사실은 알 수 있다.

울퉁불퉁한 PC운동의 잣대가 불러올 미래는?

2018년 고양시 저유소 화재 사건의 용의자로 풍등을 날린 스리랑카인이 체포됐다는 기사가 나간 후 진보매체들을 중심으로 자성과 비판이 일었다. 스리랑카라는 국적을 언급한 보도가 혐오를 부추긴다는 이유였다. "풍등보다 무서운 제노포비아"라는 제목의 기사도 실렸다.

코로나 국면에서도 "바이러스보다 무서운 혐오"라는 말을 흔치 않게 볼 수 있었다. 초반 우한발 감염소식 때문에 중국인이나 조선족에 대한 혐오를 부추기지 말라는 (주로) 인권운동 진영의 주장에서 시작된 혐오반대 운동은, 신천지 신도들에 대한 강력하고 광범위한 인권침해와 마녀사냥 국면에서는 전혀 힘을 발휘하지 못했다.

그러다 이태원 클럽발 감염사태 때 게이클럽이라는 단어

가 부각되면서 일제히 성소수자에 대한 혐오를 반대하는 목소리가 다시 높아졌다. 고 박원순 전 서울시장은 검사과정을 정비해 성소수자의 신변을 보호했다. 성소수자 인권은 혐오반대 운동가들이 주력하는 분야이고, 조직화된 세력도 있으며 적어도 진보진영 내에서는 합의된 운동이기 때문에 가능했던 일이다. 온국민의 공분을 산 신천지 신도들과는 달랐다.

도심에서 난투극을 벌인 '고려인'들 수십 명이 체포되었다는 기사가 나고 영화 〈범죄도시〉의 실사판이라는 말이 돌면서 고려인의 존재가 잠시 화제가 된 적이 있었다. 나는 풍등을 날린 스리랑카인 기사를 읽었을 때 스리랑카인에 대해 미움이나 연민, 분노 등의 감정적 동요가 없었고, 범죄도시를 보고 조선족에 대해 공포나 혐오가 생기지 않았다. 그런데 도심 난투극 기사를 보고 고려인이 우리나라에 이렇게 많이 들어와 있다는 사실을 처음 알았고, 조금 무서운 감정이 들었다.

그렇다면 내게는 고려인 난투극 기사가 오히려 외국인에 대해 부정적 감정을 가져온 것인데 스리랑카인 보도에 분노했던 운동가들과 기자 친구들 중 이 기사에 대해 나무라는 사람은 없었다. 허구의 표현물인 영화에는 적용하는 혐오유발 혐의가 실제 범죄사실에는 선택적으로 적영된다. 이 울퉁불퉁한 잣대는 누가 정하는 것인가? 스리랑카 국적을 보도하면 안 된다던 인권보도 준칙에 '고려인'이라는 국적 표기는 해당되는가, 되지 않는가?

　나는 스리랑카인, 고려인 모두 문제없는 보도라고 생각한다. 외국인이라는 요소가 일상적이지 않으므로 채택됐고, 사건사고 보도의 형식으로 사실관계를 나열한 보도였기 때문이다. 뉴스에 달린 댓글이 혐오 진원지라 판단한다면 댓글란을 없애는 해결책을 찾을 수 있다. 어떤 보도가 혐오를 유발하고 피해자에게 재차 가해를 한다는 주장은 더 정교한 논증의 과정이 필요하다. 지금처럼 자의적이며 선택적인 2차 가해 논리는 국가보안법처럼 양심과 표현의 자유를 억압하는 나쁜 칼로 쓰인다. 신천지 신도에 대한 마녀사냥은 용인되었으나 성소수자에 대한 혐오는 용납되지 않고, 스리랑카인은 안 되고 고려인은 되는 울퉁불퉁한 PC운동의 잣대는 선택적 분노와 선민의식, 진영논리, 구성원들 사이의 갈등과 대결을 심화시킨다.

　늘상 '혐오가 만연한 사회'라는 전제를 기본값으로 두고 혐오반대 목소리를 높이는 사람들은 많지만, 운동의 부정적 결과에 대한 우려를 감지하고 이를 해결하려는 노력을 하는 사람을 그 운동진영 안에서 발견하기는 어렵다. 공동체에 대한 진중하고 사려 깊은 책임의식을 가진 사람들의 목소리가 나오기를 바라지만 언제나 극단주의자들이 운동을 대표한다.

　미국 드라마의 한 장면은 PC운동의 소용돌이 속에서 조용할 날이 없는 우리에게 어떤 미래를 시사한다.

경찰서 앞에서 한 여성이 내 아들을 죽인 살인자들을 수사해서 처벌해달라는 피켓을 들고 날마다 시위를 벌인다. 아직도 해결이 안 되었느냐고 묻는 경찰에게 여인은 한 맺힌 답을 한다. "네. 내 아들은 지금 이 나라에서 아무도 관심을 기울이지 않는 백인에 중산층 남자이기 때문입니다. 만일 내 아들이 흑인이나 히스패닉이었다면 당신들은 벌써 수사에 나섰겠죠"

불균형을 시정하기 위한 장치가 또 다른 불균형이어서는 안 된다는 교훈을 앞선 나라들에서 찾아야 하는데, 그런 것엔 관심도 책임감도 없는 사람들이 PC운동을 주도하는 현실을 보면 우리의 미래가 밝지 않으리라는 예감이 차곡차곡 쌓인다.

진보의 미디어비평: 정작 '낡디 낡은' 건 누구인가?

"재결합 못 시켜 안달 난 '우리 이혼했어요'의 낡디낡은 시선에 대하여"는 2021년 1월 23일자 허프포스트에 실린 미디어비평 기사의 제목이다. 〈우리 이혼했어요〉라는 예능프로그램에 대해 강도 높게 비판하고 있다. 이 글은 오늘날 진보적 미디어비평이라는 영역이 오히려 진보적이기보다 고루하고 낡은 '납작한' 비평이 된 현상을 잘 보여준다. 글쓴이는 〈우리 이혼했어요〉가 이혼 커플의 재결합을 유도하는 듯한 설정으로 정상가족 이데올로기를 강화한다고 비판한다. 이혼한 커플이 동의해서 예능 프로그램에 나올 정도의 관계라면 원수가 돼서 헤어진 다른 커플들보다야 재결합 가능성이 높을 것이다. 그건 문제될 게 없다.

"아이를 명분으로 부모의 재결합을 부추기는 것은 이혼 가정에서 자란 아이는 불행하고 소위 '정상가정'에서 자란 아이는 행복하다는 폭력적인 이분법"이라는 비난 또한 적절치 않다. 원 부모의 결합을 바라는 시청자들은 아이의 행복을 위해서이지 정상가족을 이루고 살아야 한다는 이데올로기의 영향 때문이 아니다. 부모의 관계가 개선여지가 있다면 아이는 자신의 부모와 함께 사는 게 가장 좋다고 생각하는 건 당연하다. 이는 나쁜 짓도, 그릇된 편견도 아니다.

이혼가정의 아이에게 원래 부모의 결합이 더 나은 상태가 될지는 결합 후의 일이므로 알 수 없다. 또 한부모 가정이나 재혼 가정 아이의 삶이 원부모와의 삶보다 나으리라는 보장도 없다. 각자 행복해지기 위해 노력할 뿐 어떠한 삶의 형태든 옳고 그름의 문제가 아니라는 걸 사람들은 안다. 삶은 어차피 다 개별적이므로 정상, 비정상이라는 이분법을 들이댈 필요가 없다는 사실도 알고 있다. 정상과 비정상에 대한 집착은 오히려 글쓴이에게 있다.

진보 진영의 문화비평은 점점 고루하고 이분법적인 선동

의 장이 되어간다. 화제가 된 프로그램에 따라붙는 비평이란 게 늘상 예측 가능한 커다란 클리셰 덩어리다. 여성혐오나 PC주의 기준으로 불편하다고 비판하는 글이 나오리라 예상하면 여지없이 그런 글이 등장한다. 자신들은 느끼지 못하겠지만 오히려 '정상가족 이데올로기를 강화한다'는 류의 비평이 뻔한 클리셰가 돼버렸다.

그들이 주장하는 정상성 이데올로기를 대입하면 오히려 '이혼 커플을 최초로 미디어에 등장시켜 이혼을 터부시하는 우리사회의 정상성 이데올로기를 해체하는 전복적 코드의 예능'이라는 평가도 가능하다. 위화감을 조성한다고 비난받는 연예인 관찰예능 프로그램도 '부부의 싸움, 불륜이나 도박 등의 일탈행위, 가정마다 가진 내밀한 불행을 리얼하게 보여줌으로써 사람들이 선망하는 정상가족이 실제로는 얼마나 허약한 이데올로기인지 고발하는 프로그램'이라 적을 수도 있다.

대중이 예능을 소비하는 방식은 다양하다. 요즘 대세인 연예인 관찰예능 프로그램을 보자. 사생활 팔아서 돈 번다는 비난이 따라붙지만 유명인의 삶에 대한 관음 욕망은 욕하면서도 이를 보게 만든다. 상류층의 삶과 화려한 인맥을 보며 대리만족 하기도 하고, 이혼해도 저렇게 만날 수 있다는 새로운 시각도 갖게 되고, 타인과 싸울 때 저런 식으로 대처하면 좋겠다는 인간관계의 팁을 얻기도 한다. 각자 자기 삶을 기준으로 다양한 방식으로 관찰형 예능을 소비한다.

'해로운' 프로그램의 높은 시청률을 보면서 제작진에게 보이는 분노나, 이 때문에 정상가족 이데올로기가 강화될 거라는 우려는 넣어두어도 좋다. PC주의자들 우려대로 시청자들이 수십년 동안 반복된 '가장 오래된 떡밥'인 정상가족 이데올로기에 동화됐다면 오늘날 세계 최저의 출산율과 높은 이혼율은 불가능했어야 한다. 대중은 현실을 사는데 운동은 관념에 머문다.

이 글은 이데올로기의 과잉뿐 아니라 감정적 수사를 남발한다. 아래 발췌한 대목을 보면 필자의 분노가 잘 드러난다. '안달 난', '낡디낡은', '폭력적인', '죽지도 않고 꾸역꾸역', '수치심도 모르고'와 같은 격한 단어들을 동원해 분노를 드러내는 것은 전문적인 비평문으로서는 부적절하다. 늘상 화가 난 채로 격문을 토해내는 것 또한 PC주의 비평의 특성이다.

오해도 풀리고 감정도 해소가 되고 나면, 문제가 없으니 다시 재혼해서 소위 '정상가정'을 복원하는 게 좋지 않겠냐는 낡디낡은 시선으로 … 21세기도 벌써 5분의 1이나 지났는데, 이혼 가정에서 자란 아이는 불행하고, 소위 '정상가정'에서 자란 아이는 행복하다는 이 폭력적인 이분법은 죽지도 않고 꾸역꾸역 살아 돌아온다. 손자를 봐서라도, 며느리를 봐서라도, 어린

딸을 봐서라도. '새로운 관계'를 생각한다는 프로그램은, 이혼을 생각하는 부부의 발목을 잡는 가장 오래된 떡밥을 수치심도 모르고 꺼낸다.

정상가족 이데올로기라는 말에 동원된 정상, 비정상, 이데올로기 개념이야말로 '오래된 떡밥'이다. 이혼커플이 예능 프로를 찍을만큼 정상성이라는 개념이 해체된 마당에, 여전히 '낡디낡은' 시선으로 세상을 바라보는 건 정작 누구인가?

상호작용 기피를 권하는 사회

'타다' 서비스를 두고 택시업계가 반발할 때 정치권의 한 관료와 '타다' 얘기를 나눴다. 그는 타다의 가장 큰 성공 요인은 승객에게 일절 말을 걸지 않고, 불편을 느낄 만한 어떤 상황도 만들지 않는 친절한 서비스 때문이라고 했다. 반면 택시는 대시민 서비스 개선보다 이윤에만 집중한 전근대적인 경영방식이 경쟁력 저하로 이어졌다는 진단이었다.

친절은 상호작용을 통해 결정되는 용어인데 어떠한 상호작용도 금지하는 게 친절이라니… 나는 이의를 제기했다. "택시기사가 손님에게 말을 거는 행위가 곧 무례인가요?" 기사는 승객에게 호의의 말을 건네고, 대화를 원치 않을 땐 거부의 의사 표현을 하면 되는 문제 아닌가. 상호작용이 포함된 서비스를 평면적으로 규제하는 건 올바른 방식이 아니다.

내 친구의 이야기다. 수년 전 남편의 외도 사실을 알게 된 친구는 집을 뛰쳐나와 무작정 택시를 잡아탔다. "남편이 바람을 피웠어요. 어떻게 해야 할지 몰라서 그냥 나왔어요. 조금만 달리다가 집으로 돌아갈 테니 아무 데나 가주세요. 처음 보는 기사님한테 이런 얘기를 하게 되네요." 울음이 터져 나왔다고 한다. 기사는 넘치지도 모자라지도 않는 말투로 친구에게 말했다. "제 뒷자리에서 우신 손님 많습니다. 혹시 하고 싶은 얘기 있으면 마음껏 하세요."

태어나 처음 만난 사람에게 친구는 어디에도 하지 못한 내밀한 얘기를 털어놨다. 인생의 고비를 만난 낯선 여인에게 기사님은 적절한 거리의 속 깊은 이웃이 돼 주었다. 익명의 타인이어서 가능한 고백, 다시 만날 일이 없다 해도 충분한 위로. 살다 보면 우리는 서로를 모른 채 구원을 주고받는 타인이 된다.

인간은 자라면서 타인을 향한 말과 행동의 법칙을 자연스레 체득한다. 불쾌한 일을 겪고, 의도하지 않은 결과에 당혹스러울 때도 있지만 뜻밖의 위로와 우연한 행운도 경험한다. 불쾌한 일에는 어떻게 대처할지, 상대의 변화를 끌어낼 방법은 무엇인지, 나는 타인에게 어떤 사람이 되고 싶은지를 돌아보고 다듬어가는 과정 모두가 개인과 사회에 놓인 도전과제다.

상호작용을 피하고, 불편한 경험을 일절 차단하려는 태도가 관계의 법칙이 되는 사회에서는 강하고 능력 있는 어른으로 성숙하는 과정도 함께 차단된다. 면접관 앞에서의 '스피치'는 달변이지만 구체적 타인과 통화는 두려워하고, 온라인에 불쾌한 경험을 사후 고발하는 일은 익숙하지만, 의사표현 한마디로 현실 상황을 해결하는 경험은 하지 못하는 아이 상태의 어른들이 늘게 된다.

상호작용을 통해 대응력을 갖추고 적절한 선을 공유한다면 우리는 소비자와 노동자, 동료 시민으로서 동등하고 편안하게 만날 수 있다. 좁은 차 안이 노동의 현장인 택시기사에게 종일 호의의 말 한마디도 나누지 못하도록 강제하는 건 비인간적인 노동환경이다.

불편을 예리하게 느끼는 사람들이 많아질수록 삶을 편하게 만들려는 노력은 과잉보호와 방어로 이어진다. 이는 한 사람의 성장과 성숙뿐 아니라 공동체의 성격 형성에도 영향을 끼친다. 개방성과 호의를 기본으로 상호작용의 법칙을 체화한 개인들이 많아질수록 우리 공동체 또한 배려와 우애 속에서 결속할 수 있다.

보편규범을 위협하는 약자감수성

앞서 언급했던 고양 저유소 풍등 화재사건 보도에 스리랑카인이라는 국적을 표기하지 말자던 견해처럼, 유명한 여성 운동선수가 코치에게 당한 성폭력 피해 사실을 폭로하자, 일부 매체를 중심으로 가해 남성의 이름을 기사 제목에 넣어야 한다는 주장이 제기됐다. 피해자에 대한 2차 가해를 막고 가해자의 존재를 수면 위로 끌어올려야 한다는 논리다.

미디어가 약자와 소수자의 인권에 민감해야 한다며 내놓은 해법은 이렇다. 범죄 피해자가 유명 여성일 경우 가해 남성의 실명으로 사건을 호명할 것, 사건의 당사자나 피의자나 여성일 경우 성별을 적시하지 말 것, 범죄 피의자가 빈국 출신의 노동자일 경우 국적을 특정하지 말 것 등이다. 특히 여성이 피해자로 규정된 사건은 가해 남성의 신상과 이름을 적극 호명해야 인권원칙에 부합한 보도라고 주장한다. 페미니스트 신지예 씨는 강서구 PC방 살인사건이 났을 때 용의자 남성의 신상이 공개되는 것은 무죄추정의 원칙 위반이라며 우려를 표했다. 그러한 문제의식이 미투 사건에서는 전혀 가동되지 않는 것이 문제다.

언론 보도에 특정인의 실명이 적시되는 순간 적정 절차에 따라 혐의가 확정되기 전부터 '마녀사냥'과 사회적 낙인이라는 가중처벌을 받는다. 기본권은 이런 위험에서 사회구성원 모두를 보호한다. 누군가의 권리를 희생시켜 약자를 보호한다는 논리는 오히려 보편규범의 기능과 목적을 왜곡한다. 약자의 권리가 특별히 보호되어야 하는 이유는 보편의 권리보장에 복무해 사회구성원 모두를 동등하게 대우하기 위해서다. 여성의 이름 대신 남성의 실명과 사진을 보도하는 행위는 보편규범인 기본권 보장의 의무를 충족하는가? 미군범죄 보도는 문제없지만 스리랑카인은 혐오 보도이므로 안 된다면 사건·사고마다 약소국 여부를 누가, 어떻게 판정할 것인가? 국적을 보도한 것만으로 한국인들이 스리랑카인을 혐오할 것이라는 예단은 어떠한 근거가 있으며, 이는 정당한 견해인가?

인권감수성이 발달했다는 도덕적 우월감은 동료 시민을 손쉽게 혐오주의자로 낙인찍는 우를 범한다.

미디어의 공적 의무는 자신들이 규정한 피해자를 위해 혐의가 확정되지 않은 가해자를 수면 위로 끌어올리는 게 아니다. 보도할 가치가 있는 사안인지를 먼저 판단하고, 사건의 실체적인 진실을 편견없이 공정하게 취재한 후, 피해자든 가해자든 여론재판과 사회적 낙인으로부터 보호받아야 할 권리를 존중하는 일이 먼저다. 이를 위해 절차적 정당성이 제대로 지켜지는지 감시하는 것까지가 미디어의 공적 의무다.

성별이나 국적과 같은 정체성에 따라, 다수 대중의 여론에 따라 선택적으로 적용되는 원칙은 보편규범의 지위를 가질 수 없다. 흉악범일지라도 인권을 고려해야 하고, 비위 혐의를 받는 고위공직자라도 권리를 가진 시민이므로 피의사실 공표에 신중해야 한다는 주장은 모두 기본권에 근거한다. 누구의 권리도 침해되어서는 안 된다는 보편의 규범이 제대로 작동하는 사회여야만 약자의 권리도 보호받을 수 있기 때문이다.

힘보다 말이 먼저다

'평등한 명절을 위해 가족끼리 이런 얘기는 하지 말라'며 정치적 올바름을 강요하는 진보정당의 현수막보다 보수정당이 내건 단순한 명절 덕담이 위로가 됐다는 글을 쓰고 난 후 나는 전향자라는 조롱을 받았다. 한 매체에 칼럼을 연재할 때의 일이었다. 아마 과거 필자가 몸담았고 지지했던 진보정당에 대한 비판 때문일 것이다. 한국 사회에서 '전향'이라는 단어는 상대를 모욕하기 위해 쓰기 때문에 유쾌한 일은 아니다.

2019년 2월, 민주당의 뉴민주주의연구소에서 젠더갈등의 해결책을 모색하기 위한 토론회를 마련했다. 필자 또한 다양한 입장 중 한 명으로 섭외되었지만, 같이 섭외대상에 오른 페미니스트 토론자가 나의 참여에 항의하며 보이콧을 하는 바람에 결국 행사 자체가 무산됐다. 그들의 표현에 따르면 '5·18 관련 대토론회에 망언자들을 대거 초대한 형국'이라고 했다. 나는 변절자에 이어 5·18 망언자와 동급이라는 오명까지 갖게 됐다.

젠더갈등을 해소하자는 자리에 내가 토론자로 참여하는

게 어째서 망언자 초대에 해당하는지 공개적으로 물었으나 직접 답을 듣지는 못했다. 보이콧에 참여한 여성학자의 인터뷰를 통해 이유를 알게 됐다. 그녀들은 나와 다른 토론자 한 명을 '안티 페미니스트'로 규정한 후 우리가 '젠더갈등의 원인이 페미니즘에 있다고 말하는 사람들이며, 페미니즘은 정신병이고 파시즘이고 반지성주의라 떠든다'고 했다.

나는 그렇게 말한 바가 없으므로 위의 주장은 사실이 아니다. 문제는 설사 어느 안티 페미니스트가 '페미니즘은 정신병'이라는 주장을 편다 해도 그게 왜 존재해서는 안 되는 표현이며 그의 입을 막는 게 정당한지 설득의 노력 대신 물리력을 택했다는 점이다.

주장을 펴고, 자신의 주장을 논증하고, 서로 토론과 논쟁을 거듭하면서 문제 해결의 접점을 찾아야 할 공론장이 사라졌다. '말'이 놓여야 할 자리에는 '편'이 들어서고, 대화와 존중 대신 낙인과 배제가 강력한 힘을 발휘한다. 의견이 다른 사람을 적으로 간주하고, 변절자나 망언자로 낙인찍는 일은 손쉽다. 같은 의견을 가진 사람들끼리의 결속이 단단해질수록 비판자에 대한 적대는 강화된다. 피아彼我의 전선만이 존재하는 사회에서 다양한 의견은 설 자리를 잃는다.

페미니즘은 정신병이라는 '망언'이 존재하는 사회보다, 힘 있고 목소리 큰 세력이 그 주장의 정당성이 검증될 기회를 막는 사회가 더 위험하다. 비판과 망언을 구분하는 일이야 말로 공론장의 역할이며, 이를 물리력으로 막는 일은 지성의 반대편인 폭력에 가깝다. 어떤 존재든 성역이 아니며 비판에서 자유로울 수 없음을 인정하는 게 지성의 기본이다. 민주 사회의 구성원이라면 상호 비판을 통해 더 나은 민주주의에 복무할 의무 또한 있다.

같은 이념을 공유하고 실천하는 집단일수록 내 생각이 여전히 옳은지, 변화에 제대로 대응하고 있는지, 놓친 건 없는지 살피는 일이 필요하다. 비판자와의 토론은 가장 효과적인 내부 점검장치다. 그래서 토론회의 무산이 안타까웠다.

다른 의견을 가질 권리야말로 민주주의의 핵심이다. 세상에 존재해서는 안된다고 생각하는 주장이 있다 해도 말을 통해 해결할 일이다. 언제나 말이 힘보다 먼저여야 한다.

K-멍석말이 단상

20년 전쯤 방문했던 어떤 도시에서는 이런 일도 있었다. 그때는 아침 8시 조금 넘은 시간이라 역 앞 버스정류장은 출근하는 사람들로 붐볐다. 친구한테 전화를 하려고 공중전화박스에 들어섰는데 어디선가 쳐다보는 시선이 느껴졌다. 바로 옆 칸에서 운동복 차림의 젊은 남자가 반바지 앞섶을 내리고 성기를 꺼내 자위행위를 하고 있었다. 눈은 나를 향했고 손은 아래에서 분주했다. 어떻게 해야 하나 고민하다가 자연스럽게 고개를 돌려 시선을 거두고 통화를 마친 후 버스를 타러 걸어갔다. 무시하는 게 좋을 것 같아 못 본 척 했는데 그 남자가 정류장쪽으로 오더니 내가 타는 버스에 같이 타는 게 아닌가. 아침 시간인데다 사람도 많이 탄 버스 안이어서 위협으로 느껴지지는 않았다. 친구들이랑 대낮에 독서실 앞에 잠복한 바바리맨을 보는 느낌이었다. 나는 버스 안으로 깊숙하게 들어갔고 그는 앞쪽에 있는 것 같았다. 신고할까도 잠시 생각했으나 귀찮은 일이라 포기했다.

종종 너는 한 번도 성추행 같은 거 당해본 적 없는 사람처럼 얘기한다는 말을 듣는다. 그렇지는 않다. 수십 년을 사는 동안 당연히 사기, 교통사고, 강도, 성추행, 도둑 등 온갖 피해를 경험했다. 그중 어떤 일은 털고 일어나 일상을 회복하는 데 시간이 걸리기도 했다. 교통사고를 경험한 후에는 한동안 차에 타서 주행을 시작하면 진땀이 났다. 앞으로도 이런 불행은 또 찾아올 것이고 그게 언제, 어떤 식으로 닥칠지는 알 수 없다. 다만 그 불행이 내 삶을 잡아먹지 않도록 하는 게 중요하다고 생각하면서 오늘을 살 뿐이다.

살면서 불시에 겪게 되는 사고에 대한 대처는 이성을 가동시키는 일이다. 아침시간, 사람 많은 곳, 운동복 차림으로 공중전화박스 옆칸에서 자위행위를 하는 사람은 환자다. 물리적으로 위해를 가할 사람이면 그런 방법을 택할 수가 없다. 그냥 본인도 어찌지 못하는 도착적인 증상을 가진 사람이므로 치료가 필요하고, 이런 사람은 우리 사회에 기본값으로 존재한다. 유명 법조인의 사례처럼 성매매 업소에 가면 해소될 일을 굳이 길에서 로션을 가지고 다니며 자위행위를 하는 사람은 범죄자라기보다는 치료가 필요한 사람으로 봐야 한다. 강간범과 환자에 대한 대우는 달라야 하고, 강간피해와 노출증에 대한 피해 또한 다르게 취급해야 한다.

고통이라는 건 주관적이어서 지나치게 민감한 사람은 어느 사회든 존재한다. 누군가 길을 가다 우연히 누군가 내놓은 성기를 목격한 일이 평생 트라우마로 남을 수 있다. 사람마다 강력한 고통을 주는 요소는 매우 복합적이어서 한 장면이 특정한 누군가에게는 고통의 방아쇠를 당겨버리는 작용을 하기도 하기 때문이다. 그러나 보통의 사람들이 잠시의 충격으로 취급하고 지나치는 일에 대해 큰 고통을 느끼거나 일상에 영향을 끼친다면 이는 치료가 필요한 병리적인 상태다. 만일 내 가족이나 친구가 그런 일을 겪고 있다면 우리는 조금 더 단단한 사람이 되어 고통을 이겨내고 삶을 제대로 살도록 치료를 권할 것이다. 세상에는 예측할 수 없는 불행들이 언제든 준비되어 있고, 우리는 그런 경험을 계속할 수밖에 없기 때문이다.

그러나 그게 타인의 사례가 되면 가장 민감한 사람이 호소하는 극단적인 피해감정에 맞춰 죄인을 처벌하라고 목소리를 높인다. 가장 예민한 사람의 주관적 피해를 보상하기 위해 노출증 환자에게 강간범의 혐의를 씌울 수는 없고 그래서는 안 된다. 처벌과 책임은 합당하게 지도록 하되 나를 단단하게 하는 노력 또한 함께 가져가도록 권해야 한다. 지금 우리사회는 모두에게 강간범 수준의 처벌을 요구할 뿐, 적합한 책임의 정도와 피해를 이기기 위한 개인적 노력의 필요에 대해서는 말하지 않는다. 우연히 여론의 관심을 받았다는 이유로, 피해자의 고통에 공감해야 한다는 집단적 도덕제의의 희생자가 나오는 일이 잦아졌다.

한 사회의 근대적 교양의 척도는 악인에 대한 대우로 가늠할 수 있다. 공소시효도 양형도 없는, 만인이 만인에게 심판관 노릇을 하는 세상. 사적 제재를 금지하고, 지은 죄만큼 벌받고, 다시 공동체 구성원으로 돌아올 수 있도록 설계했던 근대적 시민국가의 원리가 절실한 요즘이다.

감각의 제국, 불감의 공화국

A씨는 어린이집 보육교사다. 점검할 일이 있어 원에 설치한 CCTV 영상을 보다가 그녀는 얼어붙었다. 친구를 괴롭히는 아이를 떼어내느라 급하게 낚아챘고, 버둥대는 몸을 진

정시키려 살짝 힘주어 팔을 잡은 장면이었다. 아이는 울음을 터트렸다. 꼼짝없이 학대 교사로 보이겠구나 싶어 식은 땀이 났다. 소리가 거세된 화면은 당시 현실에는 없던 폭력을 만들어냈다.

잔인한 고문장면과 폭력신이 매회 빠지지 않는 유명 드라마의 메이킹 필름을 봤다. 끔찍해서 보기가 힘들었던 장면의 촬영현장이 담겨 있었다. 테러범을 쫓고 비명이 낭자한 고문실을 찾아내는 대목은 뜻밖에도 평화로웠다. 긴장과 공포를 일으킨 주범은 사운드였다. 소리가 거세된 화면은 공포를 지웠다.

몇 년 전 유명 웹하드 업체 회장이 직원을 때리는 동영상으로 한국 사회가 뜨거웠다. 욕설과 폭행이 끔찍하다는 기사를 읽고 문제의 영상을 봤다. 화면 속 젊은 남성은 회장에게 뺨을 맞고 무릎을 꿇은 뒤 머리를 조아렸다. 7분 남짓한 영상에서 폭행 장면이 수차례 반복됐다. 바로 곁의 주먹다짐이 안 보이는 듯 직원들은 투명인간처럼 일만 했다. 끝까지 보기 힘들었다.

해당 영상에서 사실관계만 떼어내 본다면 회장이 심한 욕설과 함께 직원의 뺨을 두 차례, 머리를 한 차례 때린 사건이다. 그러나 뺨 때리는 소리를 날카롭게 키우고, 적나라한 욕설과 폭행 장면을 반복해 시청각적 효과를 극대화한 영상의 반향은 엄청났다. 대한항공, 아시아나항공, 피죤, 대림산업 등의 '회장님 갑질'에 차 있던 분노는 순식간에 공감각적인 전이로 폭발했다.

감각은 타인의 고통을 내 것처럼 느끼게 하므로 인간을 인간이게 하는 소중한 본능이다. 하지만 소리가 거세된 화면이 거짓을 만들거나 진실을 가리듯, 탐구의 노력 없이 감각에만 의존한 분노는 함정에 빠지기 쉽다. 혼자 일하는 노동자의 안전, 묻지마 범죄에 대한 대책, 제왕적인 오너의 폭력을 근절할 제도 마련까지, 우리의 분노가 이르러야 할 곳은 즉각적인 형벌 강화보다 사안의 본질 파악과 해결이다.

몇 해 전 영국에서 한 소녀가 잔인하게 살해당했다. 마침 방문 중이던 한국의 검사가 영국의 검사에게 물었다. "이런 사건이 벌어졌는데 언론에서 보도를 하지 않네요." 영국의 검사는 이렇게 답했다. "내 친구가 어떤 방법으로 살해되었는지 아이의 친구들이 알게 해서는 안 되기 때문이지요."

"얼굴 칼자국만 30개", "칼로 얼굴만 32번 'PC방 살인' 외모 열등감 있었나", "PC방 살인사건 주치의 '의도적이고 악독' 피범벅에 참혹했던 그날"…. 강서구 PC방 살인사건의 보도들이다. 앞의 동영상과 마찬가지로 자신의 폭행 장면을 반복해서 보고, 친구와 가족의 참혹한 살해상황을 확인당해야 하는 이들의 트라우마는 고려되지 않았다. 이러한 보도사례는 많고 오늘도 반복된다. 고통에 민감하고자 뜨거운 감각의 제국에서 우리 언론이 앓고 있는 불감증이다.

이 장의 글 일부는 필자가 2018년 11월부터 2020년 5월까지 〈주간경향〉에 연재한 글을 발췌해 수정 보완함.

페미니즘이 원하는
성폭력 통념에 휘둘리지 않기

2021년 2월, 정의당 소속의 창원 시의원이 민주당 소속 시의원에게 명예훼손을 한 혐의로 벌금 3백만 원 처분을 받았다. 정의당 의원은 이에 불복해 정식재판을 청구했다. 민주당 측은 반발하고 나섰다.

　민주당 의원들은 정의당의 B의원이 민주당의 A의원에 대해 성희롱성 허위사실을 유포해 명예를 훼손한 범죄사실이 인정됐다며, "A의원은 재선의원으로서 활발한 의정활동과 함께 활발하게 활동해 왔으나 사건의 충격으로 몇 달째 대인기피증과 우울증으로 고통의 시간을 보내왔다"고 강조했다. 그러면서 여성 정치인에 대한 성희롱성 허위사실 유포는 모든 여성 의원들의 의정활동을 위축시킬 뿐만 아니라 해당

의원의 정치적 생명까지 위협하는 심각한 범죄라 주장했다.

정의당 창원시 의원단은 성희롱이라는 악의적 낙인찍기를 중단하라며 반발했다. 정의당 의원측에서 했다는 '말'은 보도를 통해서는 알 수 없다. 확인할 수 있는 사실은 정의당 의원이 동료 의원에게 A의원에 대한 이야기를 했고, 이 이야기가 A의원 본인에게 전해졌는데 그 내용이 명예를 훼손한다고 판단한 A의원 측에서 고소를 한 정황이다. 정의당 B의원은 공인으로서 더 조심하고 처신을 잘하자는 취지의 말을 한 것일 뿐 비방이나 명예훼손의 의도가 아니었다고 해명하면서, 민주당이 자의적으로 사건을 성희롱성 명예훼손으로 규정하고 있다며 반발했다. 이는 오히려 정의당과 자신에 대한 명예훼손이며 정치공세이므로 정식재판을 통해 시비를 가리겠다는 입장이다. 정의당 창원시 의원단은 보도자료 마지막에 "악의적 낙인찍기를 중단하고 재판이 진행 중인 사안에 대해 무죄추정의 원칙에 입각하여 객관적인 보도를 해달라"고 요청했다. 이 말 때문에 정의당은 다시 조롱의 입길에 올랐다.

그간 성범죄 관련한 사안에서 정의당은 무죄추정의 원칙을 지켜왔을까? 모두가 알듯 정의당은 여성의 폭로는 곧 사실로 받아들이며 오히려 유죄추정의 입장을 견지했다. 재판 중인 사안에 대해서도 마찬가지였다. 안희정 전 지사가 1심에서 무죄를 받았을 때는 사법폭력이라 비난한 바 있다. 정의당은 모든 미투를 지지하며 미투 폭로는 곧 진실로 인정해왔다.

자의적이고 악의적인 낙인 또한 정의당이 해왔던 일이다. 김남국 의원이 낙태죄 관련한 자신의 발언을 왜곡해 논평한 정의당 조혜민 대변인에게 전화를 걸어 항의하자 정의당은 어린 여성정치인에 대한 성차별적 갑질이라며 비난했다. 기성 정치를 진보적으로 변화시키겠다며 청년여성 정치인들을 자산으로 내세웠던 정의당은, 젊은 남성 초선의원의 전화 한 통화에 고통을 호소하는 연약한 모습으로 청년여성정치인을 정체화했다. 그런 프레임을 위해 상대방에게 성차별 갑질 낙인을 씌웠다.

'의도' 또한 마찬가지다. 정의당 의원단은 명예훼손이나 비방의 의도가 없었다고 항변한다. 아마 실제로도 그런 의도가 아니었을 가능성이 높다. 정치공방이 일어난 현장도 아니고 사석에서 한 이야기이니 상대방의 오해일 수 있다. 그러나 자신들이 당할 때만 악의적 낙인이라 항변하는 정의당의 말은 인정받기 어렵다. 정의당이 언제 타인의 선한 의도를 용인해 왔던가?

수감중에 모친상을 당한 옛 동료와 동지의 빈소에 조문을 했거나 화환을 보낸 행위도 2차 가해라 비판하고, 좋아하던 정치인의 비극적인 죽음에 대한 애도조차 비난하던 정의당을 기억한다. 성범죄와 연루된 사안에서는 어떤 인간적 고려도 용납하지 않고 2차 가해라 비난해왔던 대표 세력이 정의당인데 이제 와 내 선한 의도는 고려해달라고 한들 먹힐 리 없다.

내로남불 비판에 앞서

여기까지는 쉽게 할 수 있는 이야기이다. 우리가 한발 더 나아가 생각해 볼 지점은, 의회 내 '말의 공방'을 성적 폭력문제로 취급했을 때 벌어지는 일, 성희롱부터 강간까지 아무런 차등 없이 고통의 일률적 극대화에 익숙한 우리의 모습에 대한 이야기이다.

민주당은 말에 의한 명예훼손 사건을 왜 굳이 '성희롱성' 명예훼손이라 강조했을까? 그냥 명예훼손보다 성범죄의 영역으로 포함시키면 더 엄중한 범죄로 규정되고 대중들에게도 심각하게 받아들여질 것이라 기대하기 때문이다. 본래 이런 프레임을 유도해온 진영은 페미니스트 세력이다.

이번 사태에도 여성단체는 예의 같은 레토릭으로 개입에 나섰다. 경남여성단체연합은 "디지털 성착취, 성폭력, 교제폭력, 여성혐오폭력, 직장내 성희롱 및 성차별 등으로 여성들은 여전히 일상이 보장되지 않는 안전 문제로 인해 이중, 삼중고로 불안하고 불편한 힘든 시기를 보내고 있다"며 말문을 열었다. 의원들 개인 사이에 일어난 말의 다툼에 디지털 성착취, 성폭력, 교제폭력, 여성혐오폭력을 들고나온 것이다. 명예훼손 논란에 디지털 성착취를 왜 언급할까? 이러한 프레임이 그들이 즐겨 사용하는 고통의 일률적 극대화 공식이기 때문이다.

이들은 '성'이라는 단어만 나오면 극단적 사례들을 모두 같은 일인 양 엮어 심각하게 보이도록 만든다. 그런 후 고통을 선정적으로 이용하면서 이 모든 게 연결되어 있다는 논리를 편다. 결론은 이 모든 일이 성인지 감수성이 없어서 벌어지는 일이므로 성인식을 개선하는 시스템을 마련해야 하고, 그 교육을 하는 건 결국 여성단체 몫으로 돌아온다.

이들은 모든 사안에 개입해 자신들에게 그럴 자격이 있는 듯 모두를 비난하며, 성차별, 여성혐오, 저출생, 성평등, 성인지 감수성, 민주주의 완성과 같은 단어를 활용한 레토릭을 구사하며 결국 여성단체의 권력화와 페미-비즈니스로 연결시킨다. 우리가 의회 내 '말의 공방'을 성적 폭력문제로 취급했을 때 벌어지는 일이다.

결국 웃는 건 페미니즘 진영과 페미-비즈니스라는 사실이다. 경남여성단체연합은 고 박원순 전 서울시장 고소인의 형사고소 사실을 사전에 유출한 단체의 산하 지부이지만, 이들이 그 뒤 직무배제한 대표에게 어떤 처벌과 책임을 물었는지는 알려진 바 없다. '카르텔'이라는 말을 즐겨 사용하며 모든 남성을 범죄의 공범자이자 가해자로 엮는 일을 반복해온 여성단체들은 정작 자신들의 대표가 저지른 일에 대해서는 연대책임을 지지 않는다. 그러면서도 타인을 향해서는 여전히 고압적으로 비난하고 책임을 묻는다. 지금껏 봐온 어떠한 운동세력도 페미니즘 진영처럼 자기책임에서는 자유롭고 자신 외 모든 타인에게 책임을 물으며 유체이탈식 화법을 쓰는 경우를 보지 못했다.

고통의 일률적 극대화

민주당 의원단은 해당 여성의원의 고통이 심각하다면서 이렇게 표현했다. "A의원은 재선의원으로서 활발한 의정활동과 함께 활발하게 활동해 왔으나 사건의 충격으로 몇 달째 대인기피증과 우울증으로 고통의 시간을 보내왔다". 또 "여성 정치인에 대한 성희롱성 허위사실 유포는 모든 여성 의원들의 의정활동을 위축시킬 뿐만 아니라 해당 의원의 정치적 생명까지 위협하는 심각한 범죄"라고도 주장한다. 이러한 상태가 거짓이라는 주장은 아니다. 다만 반복되는 같은 유형의 사건들을 보면서 한 번쯤 숙고해볼 일이 있다는 이야기다.

어떤 이는 말에 상처받고 고통을 당할 수 있다. 그러나 정치인이라는 직업은 말을 하고 듣는 일을 업으로 삼은 직종이며 온갖 추문과 정치공세를 주고받는 일이 일상인 전문영역이다. 나쁜 말은 말로 되받아치고, 별것 아닌 일로 만들어 상대에게 돌려주는 모습 또한 당당한 여성이자 정치인으로서 필요한 자질이다. 어떤 정치인이 부정적인 말을 전해들은 끝에 우울증과 대인기피증에 걸려 의정활동에 차질이 일었다면 유권자들에게는 부정적 영향을 줄 것이다. 개인적 불행을 공적으로 슬기롭게 해결하면서 강인함과 용기, 역경을 극복하는 모습을 보여주는 것이야말로 공포의 일률적 극대화가 다반사인 요즘 필요한 정치인의 모습이라 하겠다. 비단 정치인뿐 아니라 우리 모두에게, 특히 여성들에게 이런 덕목이 필요한 시절이다.

피해사실의 극대화, 고통의 극대화는 결국 성범죄에 대한 특별한 취급을 강화시키며 이후 벌어지는 성 관련한 사안에서 결국 다른 진영에도 똑같은 취급을 적용시켜야 하는 에스컬레이터가 된다. 나와 내 진영에 당장 유리하게 쓸 수 있는 상황이라 해도 성문제를 정쟁화하는 일은 좀 더 본질적인 문제의식으로 접근하는 태도가 필요하다.

페미-비즈니스, 잘못된 길

성폭력 영역에서 경중을 구분하지 않는 극단적 공포의 표현은 페미니스트 진영에 좋은 먹잇감이다. 말(직접적 말, 간접적 말)에 의한 명예훼손과 강간은 다르다. 그러나 우리는 피해 사실과 고통을 표현할 때 가장 극단적 공포와 피해로 이 둘 사이의 차별성을 없앤다. 이러한 행동은 대립과 갈등의 전선에서 때로 이롭게 작동한다. 누구나 피해사실을 좀 더 적극적으로 표현해 인정받고자 하는 욕구를 지니고 있다. 이를 감안한 후 상황과 맥락을 고려해 합리적 판단을 하는 일이 필요하다. 전자의 호소에만 귀 기울이고 후자의 판단을 포기할 때 우리 사회는 피해의 각축장이 되고 결국 이 상황에서 이득을 얻는 세력의 힘만 커지게 된다.

성폭력은 다른 어떤 폭력보다 심각하고 고통을 주는 악질적인 범죄라는 통념을 원하는 건 페미니스트다. 여성들 사이에 벌어진 폭력 문제에 페미니스트 진영은 반응하지 않는다. 최근 논란이 되고 있는 학교폭력은 어떤가? 아동 폭력은? 사기범죄의 피해로 전 재산을 날린 사람도 목숨을 끊는다. 어떠한 피해가 한 개인에게 더 특수한 영향을 끼치는 건 처한 상황과 기질적 차이 등 복합적인 문제이지 폭력의 종류 때문이 아니다.(성폭력이 문제가 아니라는 이야기가 아님을 부연해둔다.) 모든 폭력은 피해자에게 고통을 주지만 오로지 성폭력만이 여성운동세력에게 권력과 사업의 자원이 된다는 이야기다. '성폭력이 만연한 사회'가 될수록 이들의 입지는 넓어지고 위상은 높아진다. 그러므로 성폭력이 만연한 사회임을 입증하기 위해 모든 사안에 성문제를 결부시키려 한다.

예를 들어보자. 2019년 여당과 야당이 물리적으로 대립하던 과정에서 문희상 당시 국회의장이 전위에 선 상대당 임이자 의원의 뺨을 감쌌다. 임이자 의원은 성적 수치심을 느꼈다며 문의장을 성추행 혐의로 고소했다. 2021년 당시 국민의힘 주호영 대표에게 엘리베이터 안에서 성추행을 당했다고 보도한 여성기자가 주호영 의원에게 무고 고소를 당한 일도 있었다. 해당 사건들의 영상을 보면 성추행이라 단정할 만한 신체접촉 정황은 드러나지 않는다. 문의장은 여야 의원들 다수와 카메라가 실시간으로 지켜보고 있는 상태였고, 주호영 의원은 동행자가 여럿 있는 상태에서 여성이 의원 쪽으로 다가가는 정황이 공개됐다. 모두 경미한 접촉이며 맥락상 성적으로 결부될 만한 상황 또한 아닌 해프닝에 가깝다.

니편내편의 유불리함을 떠나 우리는 이런 행위를 성폭력이라 칭해야 하는가? 사법적 영역으로 가져가 형사처벌 해야 할 일로 취급해야 하는가? 페미니즘이 원하는 성폭력의 통념에 따르면 모두 성추행 범죄가 된다. 결국 낮은 성인식이 원인으로 지목되고, 남성 의원들은 성폭력 가해자가 되며, 어디에서도 안전하지 못한 여성들, 고통받는 여성들이라는 레토릭이 등장한다. 이를 해결하기 위해 전 국민은 페미니즘 교육을 받아야 한다.

이 프레임을 깨지 못하는 한 어떤 진영이든 성폭력 가해자라는 낙인에서 벗어나지 못하며, 웃는 건 결국 여성단체와 페미-비즈니스다.

프랑스의 페미니스트 엘리자베스 바댕테르가 쓴 페미니즘 비판서 《잘못된 길》에 이런 대목이 나온다. 1990년대에 들어서 프랑스에서도 미국의 영향을 받아 성폭력과 강간에 대한 규정이 확대되고 처벌 수위가 높아졌다. 이전의 '권력 남용' 관련 법을 성희롱에 대한 새로운 법으로 제정했는데 극렬 페미니스트들은 모든 경우의 처벌을 요구했으나 최종 법안은 상하 계급 관계에 한해서만 처벌하는 것으로 결정되었다. 당시 프랑스 여성권리처 장관은 "직장 동료가 귀찮게 할 때에는 따귀를 한 대 올리는 것이 법으로 처벌하는 것보다 낫다고 여성들에게 충고해 줍시다."라고 발언했다. 여성(혹은 남성)이 스스로를 방어할 수 있도록 용기를 북돋아주는 것이 방어력이 전혀 없는 사람으로 치부하는 것보다 낫다는 프랑스적인 생각이었다.

우리 사회에도 위와 같은 말이 통용되던 시절이 있었다. 그러나 지금은 어떠한가? 성범죄를 다른 어떤 범죄보다 특수하게 취급하고, 성희롱부터 강간까지 고통의 서사를 일률적으로 극대화 하는데에만 급급할 뿐, 위와 같은 말을 하는 페미니스트는 없다. 문제는 페미니스트가 아닌 우리 또한 그러하다는 사실이다. 이성과 합리의 작동이 필요한 시절이다.

이대남은 동료시민입니다

'이대남' 현상을 분석한다는 글을 읽을 때마다 내가 당사자라면 얼마나 억울하고 답답할까 하는 생각이 들었습니다. 처음 공정이라는 화두가 등장했던 때 공정은 청년세대 모두의 요구였는데, 언제부턴가 청년남성만의 것이 되더니, 이제 공정을 요구하면 곧 혐오주의자에 극우라는 낙인이 찍힙니다.

이 글을 쓰는 지금 한 정당의 선거평가 보고서에 참여한 연구자가 2040 남성 일부를 일컬어 '한국형 르펜주의자들'이 등장했다고 분석하고 있습니다. 르펜주의자라고 명명한 이유로는 이들이 '여가부 폐지'를 주장하고 '남녀임금격차를 줄이려 노력하는 것에 반대'하며, '여성 대상 성폭력을 줄이려고 노력하는 것을 반대'한다는 등의 근거를 들었습니다.

남녀가 '부당'하게 임금 차별을 받고, 여성이 성폭력을 당하는데 이를 줄이지 말라고 요구하는 남성이 과연 얼마나 될까요? 전제 자체가 잘못 설계된 조사에서 도출한 부당한 결론은 여전히 계속됩니다. 청년남성 집단이 트럼프와 르펜이라는, 극우 정치를 상징하는 세계의 '악당'에 비유되고 매도당하는 현실을 확인하니 또 한번 착잡합니다.

어쨌든 이러한 현실을 변화시키기 위해서는 꾸준히 말하고 설득하는 수밖에 없겠지요. 글을 쓰면서 가장 보람 있는 순간도, 몰랐던 사실을 알게 됐다며 앞으로는 제대로 보려 노력하겠다고 말해주는 독자들의 반응을 접할 때입니다.

이대남, 이대녀는 왜 싸우는지, 청년남성들은 왜 분노하는지 말해달라는 요청을 받고 방송에 나갔을 때, 많은 분이 그동안 우리 아들들이 그런 일을 겪고 있었는지 몰랐다고 말해주셨습니다.

　　"진영논리에 몰두해 극우가 된 청년들에 대한 분노가 너무 컸던 것 같다"

　　"왜 청년들이 극단적으로 보이는 정치인에 공감하는지 몰랐다"

"갈라치기라고 그들을 나쁘게 생각했던 내가 잘못됐다는 걸 알게 됐다"

"스스로 반성했다"

이렇게 말해주는 어른들을 만나니 반갑고 고마웠습니다.

이 책이 그런 어른과 청년들이 함께 상식과 공정과 정의를 원하는 동료시민으로 반갑게 만나는 장이 되었으면 합니다.

우리의 미래인 청년들이 어쩌다 동네북이 되었는지 짚어본 다는 게 책 한 권이 되었습니다. 그럼에도 담지 못한 이야기 가 많아 원고를 닫지 못하고 머뭇거리게 됩니다. 더 많은 사 례를 풍부하고 정확하게 엮었다면 설득력이 조금은 높아지 지 않았을까 하는 미련 때문입니다. 특히 국가의 제도적 성 차별인 군대 문제를 제대로 다루지 못한 것이 못내 걸립니 다. 이 책에서 다 하지 못한 이야기들은 더 나은 다음을 기약 할 명분으로 남겨두기로 하고 이만 글을 닫습니다.

독자 여러분께 늘 고맙습니다.

2022년 10월, 이선옥 드림

왜 이대남은 동네북이 되었나

초판 1쇄 인쇄일 2022. 10. 20
초판 1쇄 발행일 2022. 10. 26

지은이 | 이선옥
발행인 | 한준희 양시호

발행처 | 담담사무소
출판등록 | 2020년 5월 26일(제2020-000131호)
주소 | 서울시 마포구 동교로 25길 26-5 라라빌딩
전화 | 02)2038-6695 · 팩스 | 02)2038-4395
전자우편 | daamdaam@daamdaam.co.kr
홈페이지 | www.daamdaam.co.kr

ⓒ 이선옥, 2022

ISBN 979-11-971200-2-2